名师名校名校长

凝聚名师共识
固定名师关怀
打造名师品牌
培育名师群体

顾明远题

用心做教育

高富英◎主编

哈尔滨出版社
HARBIN PUBLISHING HOUSE

图书在版编目（CIP）数据

用心做教育 / 高富英主编 . -- 哈尔滨 : 哈尔滨出版社, 2024. 10. -- ISBN 978-7-5484-8226-0

Ⅰ. G632.0

中国国家版本馆CIP数据核字第2024ZV9185号

书　　名：用心做教育
YONGXIN ZUO JIAOYU

作　　者：高富英　主编
责任编辑：孙　迪
封面设计：李方方

出版发行：哈尔滨出版社（Harbin Publishing House）
社　　址：哈尔滨市香坊区泰山路82-9号　　**邮编：**150090
经　　销：全国新华书店
印　　刷：捷鹰印刷（天津）有限公司
网　　址：www.hrbcbs.com
E-mail：hrbcbs@yeah.net
编辑版权热线：（0451）87900271　87900272
销售热线：（0451）87900202　87900203

开　　本：710mm × 1000mm　1/16　**印张：**13.5　**字数：**190千字
版　　次：2024年10月第1版
印　　次：2024年10月第1次印刷
书　　号：ISBN 978-7-5484-8226-0
定　　价：58.00元

凡购本社图书发现印装错误，请与本社印制部联系调换。
服务热线：（0451）87900279

编 委 会

目录

学校管理篇

教学管理篇

教育故事篇

学校管理篇

专注教育寻良策
满腔赤诚谱华章

实施“三大工程”，培育时代新人

——昆明市第一中学西山学校美育教育新探索

昆明市第一中学西山学校校长　高富英

为落实立德树人根本任务，云南省昆明市第一中学西山学校坚持五育并举，以课堂为主线，以活动为载体，实施“三大工程”，促进学校内涵式发展，为学生的终身发展奠基。近年来，学校被评为和谐校园先进学校、全国平安校园创建示范校、全国学校规范化管理示范学校、全国校园足球特色示范学校、全国校园网球特色示范学校、全国青少年人工智能活动特色单位等；2020年，学校晋升为云南省“一级一等”高中。

一、健康第一，以体育人

（1）以提升体育教学水平为基础。学校重视体育教学教研，开展体育教师集体备课，强化体育课堂管理，对体育课堂教学实施动态管理和过程考核；定期开展体育教师综合素质测试，组织体育教师开展达标课、示范课和优质课评比活动，提升体育教师的教学能力；将学生近视控制率、体质健康达标率等作为体育教师教学成效测评的主要指标和重要依据。

（2）以开展丰富体育活动为内容。学校严格按照国家规定，开齐、开足、开好体育课，并开设十多门校本体育课程；抓实、抓好每天的早操、课间操、眼保健操和班级、年级的课外体育锻炼，坚持开展每天不少于一个小时的阳光运动；适时组织体育节、冬运会、体育嘉年华等活动和篮球、排球、足球、高尔夫等班级、年级联赛。

（3）以体育特色班为抓手。学校以行政编班形式固定设立体育类特色班（足球、篮球、网球、高尔夫、击剑、射箭、田径、花样滑冰、马术等），每周进行6课时的专业体育训练。2014年至今，学校体育运动队获得国家级奖项99项、省级奖项294项；多名学生在高尔夫、击剑、射箭、花样滑冰、马术等比赛中荣获国内外大奖。

二、怡情尚美，以美育人

（1）打造优质美育课程资源。学校开设了书法、国画、油画、剪纸、非物质遗产传承、扎染、蜡染、合唱、舞蹈等近20门校本美育课程，每周安排3课时课程，由专业教师授课，通过“走班制”教学，为学生提供“菜单式”“订单式”服务，并将美育课程纳入学生综合素质考核。

（2）知名专家引领美育发展。学校邀请舞蹈家杨丽萍担任艺术总监，并外聘多名艺术专家兼任学校艺术指导教师；中国交响乐团联盟主席卞祖善以及李斯特音乐学院和德国莱比锡合唱团的专家多次到校指导美育教学。

（3）“双管理制”突出特色美育。学校按照“一班一团一特色”模式设立艺术类特色班（管乐、合唱、舞蹈、美术、书法、手风琴等），实行行政和专业分开的“双班主任”管理制，利用课余时间开展高水平、专业化训练。

（4）以活动推动艺术特长培养。学校定期开展艺术节、个人才艺秀（独唱、独奏、独舞）、课本剧、“一中好声音”、文艺会演等各类文艺活动，让每名学生都有机会参与；带领团队与国内外乐团进行交流演出，并组织学生与来自美国、英国、德国、芬兰、奥地利等世界各地的艺术家进行交流。2014年至今，学校艺术团和学生个人共获国家级奖项193项、省级奖项

314项、市级奖项418项。

三、弘扬创新，科创育人

（1）以创新课程引领创新型学习。学校依托专业科创教师团队，开设算法程序设计、嵌入集成电路和机械工程设计三门课程，每周安排6课时，推动学生在科学技术和人工智能方面展开深层次学习。

（2）以创新平台支持学生发展。学校积极参加省区市举办的科技节、科技周、科普月、科技展演、科学家进校园讲座、创新实践研学等活动，为培养学生的创新精神和实践能力提供更广阔的平台。

（3）以科创项目培养创新能力。学校建有开放自主的科创实验室，创立人工智能、3D打印、智造设计、无人机等30多个创新实践项目，培养学生的科学素养。

（4）以创新大赛激发创新意识。学校组织学生参加FTC科技挑战赛、WER世界教育机器人大赛等国内外高水平的科技创新大赛，激发学生创新意识，提高学生创新能力。2014年至今，学校在科技创新大赛中共获国际奖项28项、国家级奖项232项、省级奖项375项、市区（县）级奖项538项。

新时代，新使命，昆明市第一中学西山学校将坚持以培育德才兼备的时代新人为目标，努力打造高质量的育人工程，为边疆民族地区构建立德树人新格局贡献力量。

（《教育家》2023年1月第1期）

班班有特色，人人有发展

——昆明市第一中学西山学校美育教育新探索

昆明市第一中学西山学校校长　高富英

为深入落实立德树人根本任务，弘扬社会主义核心价值观，植根中华优秀传统文化深厚土壤，引导学生树立正确的审美观念、陶冶健康的审美情趣、培养良好的艺术修养，促进学生德、智、体、美、劳全面发展，昆明市第一中学西山学校秉承“办有温度、有生命、有品质”的教育理念，以“人人发展，让每个学生都是成功者；全面发展，培养人格完善、身心和谐的学生；个性发展，让每个学生成为最好的自己；终身发展，教给学生终身有益的东西”的办学思想，将美育教育纳入学校管理的全过程，以美育人，以美化人，以美培元。

昆明市第一中学西山学校坚持五育并举，立德树人，一切为学生终生发展奠基，坚持以课堂为主线，以活动为载体，以美育人，以美培元，促进学生德、智、体、美、劳全面发展。学校教育教学质量稳步提升，内涵发展也取得可喜成绩。近年来，学校先后被评为全国“和谐校园”先进学校、全国“平安校园”示范校、全国“规范化管理”示范学校等；2020年，学校晋升为一级一等高完中。教育部相关部门先后4次走进昆明市第一中学西山学校进行专项调研，对学校美育教育给予高度评价。

一、课程引领，以美育人

（1）学校严格落实国家课程计划，开齐开足美术、音乐等艺术必修课程，探索构建以审美和人文素养为核心的美育课程体系，将美育课程纳入对学生综合素质考查考核。

（2）学校重视艺术教学教研和课程质量，着力打造素质高、能力强的音乐美术师资队伍。学校艺术组13名音乐、美术专职教师中，正高级音乐教师1人，“云南省万人计划”教学名师1人；外聘音乐、管乐、美术兼职教师21人，省级特色工作室3个，名师工作室1个。通过校内、校外优质资源共建共享，提升学校专业课程教学水平。

（3）学校积极探索开发校本特色课程资源，积极开发构建具有民族特色、地域特色的地方和校本课程。在初中部开设书法、国画、油画、剪纸、非物质遗产传承、扎染、蜡染、创意设计、创意黏土DIY、动漫、插花艺术、歌曲创作、合唱、舞蹈、管乐、手风琴等近20门丰富多彩的美育校本课程，课程面向全体学生，通过“走班制”教学，每周安排3个课时，由专业教师授课，为学生的艺术学习提供“菜单式”“订单式”选择服务。学校创建高中新课程改革模块教学新模式，在高中部开设了音乐鉴赏、合唱、演奏、音乐与戏剧、音乐与舞蹈、音乐编创、油画、国画、水彩、民间艺术、书法、篆刻12门艺术模块必修性选择课程，进行全年级人人参与的开放式走班教学，课程根据学校的办学理念、师资情况、配套设施等进行开设，学生根据自己的兴趣爱好、学业发展、特长需求和生涯规划，从中选择修习相关课程，真正做到以美育人，人人美育。学校用校本教材引领特色课程创新发展、可持续发展。在开设校本特色课程的同时，学校积极构建、开发相关的校本教材，与课程相适应，促进特色课程优质发展、创新发展和可持续发展。在校本教材中收录了部分学生的优秀习作，这些作品将成为未来教学的典范，激发学生对艺术的浓厚兴趣，启迪学生的创新思维，激励学生对艺术的深入探究和对优秀艺术的传承，用优秀引领优秀，引领学生走向更宽阔的艺术舞台，行而不辍，未来可期。

二、一班一团，特色发展

学校以行政编班方式突出特色教学。学校根据学生的兴趣爱好，以行政班编班形式固定设立艺术类特色班（管乐、合唱、舞蹈、美术、书法、手风琴等）。学校艺术类特色班零基础起步，按照“一班一团一特色”进行构建。特色班日常文化课教学活动按学校教学计划进行，利用每周一、周三、周五的课余时间和周日提前返校的时间，每周安排6个课时进行集体专业训练，实行行政班主任和专业班主任“双班主任制”，既严格落实教育教学管理要求，又高水平开展艺术类专业化训练。学校从初中到高中9个年级、96个班，每个年级、班级都有自己的专业和特色，一个班级就是一个艺术团，每个年级都有高水平艺术团。从2017年9月开设特色班以来，学校以班级为单位的高水平管乐团、合唱团、舞蹈团各6支，手风琴乐团2支，实现在保障学生文化课知识学习的同时，特色化开展美育教学。学校以知名专家资源引领专业发展，外聘多名艺术专家兼任学校艺术指导教师。

2016年，代表云南省参加在青岛举办的全国第五届学生艺术节展演合唱比赛并荣获全国二等奖的好成绩。2018年11月，学校合唱团、管乐团参加云南省第六届中小学生艺术节——“童心向党·阳光下成长”声乐、器乐比赛双双荣获一等奖，并通过教育部遴选，两个团于2019年4月代表云南省参加在苏州举办的全国第六届中小学生合唱艺术展演，成为展演活动中耀眼的新星。2019年4月，学校初二年级管乐团作为云南省唯一被选拔参加第六届中小学生艺术展演的中学管乐团，首次登上全国的大舞台，学生以精湛的技艺照亮了舞台。2019年5月，初一年级管乐团参加云南省第一届大中小学生美育成果展演获得特等奖。2022年，学校少年乐团荣获第七届中小学生艺术展演全国一等奖。2016年至今，学校舞蹈团多次荣获云南省、昆明市艺术展演一等奖。学校手风琴乐团在2020年全国线上“佰迪杯”手风琴比赛中获少年展演组二等奖、重奏组优秀奖、独奏组三等奖；在2021年7月海南博鳌国际手风琴艺术节比赛中荣获“乐团组”金奖。学校多名学生在国际、国内的管乐、合唱、手风琴等比赛中荣获多项团体和个人奖项。

三、名师引领，创新发展

学校设有三个省级美育教育特色工作室，即尹华芳油画工作室、李海彦国画工作室、李蓉民艺工作室；设有李燕菊、李云梅、段春鹏三个校级特色工作室，各个工作室立足每一位教师专业特长，积极发挥工作室引领带动作用，全面提升学生艺术素养。

例如，李蓉民艺工作室在民艺特色班课程主要围绕剪纸、版画、扎染、蜡染、蓝晒这几个传统项目开展，其课程设计环环相扣，相互依托，并在实践过程中得以延展。在课堂教学与实践活动中总结归纳，编纂了与课程相匹配的校本教材，服务于民间艺术系列课程教学开展与后续的教学研究，至今已经积累了大量的教学资源和优秀学生作品。在校本教材中收录了大量学生的习作作品，作品将成为未来教学的利好范本与典范，启迪学生的创作思维，激发学生对民间艺术的兴趣，拓展学生对民间艺术的探究，延续学生对民间艺术的传承，发扬民间艺术的魅力，让学生在未来可以读懂、欣赏并热爱这属于中华儿女的独特艺术。

全体学生在学校的美术特长班不但学有所成，还得到了多元化的发展，学生在教师的带领下群策群力，共同努力完成了“校园版图”的民间艺术作品制作，感谢师恩、献礼学校。

四、怡情尚美，活动育人

学校坚持面向全体学生开展内容丰富的经常性、综合性、多样性美育活动。每年定期开展艺术节、校园之声歌手赛、书法绘画展览、经典诵读、诗词朗诵、大合唱、课本剧、个人才艺秀（独唱、独奏、独舞）、年级（班级）文艺汇演、迎新联欢晚会等各类项目丰富的文艺活动，让每名学生都有参与校内美育活动的机会和平台。学校推动每位学生掌握1~2项艺术特长，并积极开展交流活动，如学校先后带团与中国交响乐团、台湾高雄学生乐团、北京金帆艺术团进行交流演出，学生与美国、英国、德国、芬兰、奥地利等世界各地艺术家进行交流。2019年，我校学生张嘉裕的美术作品《苍洱居仙图》在世界艺术文化“第20届高校生国际美术展”活动中获世界金奖，作为国内唯一的中学生代表，参加了表彰大会和颁奖仪式。2021年，我校学生马悦然的美术作品《秋菊白鹤》在世界艺术文化“第21届高校生国际美术展”活动中获世界金奖。2019年，孙子涵和李沁桐以优异的成绩双双被中央美术学院录取。2020年，胡馨月以优异的成绩被西安美术学院录取。2014年至今，学校艺术类共获国际级奖24项，国家级奖193项、省级314项、市级418项。

在推进以美育人，以美培元的过程中，学校教育教学质量连年攀升，初高中教育优质发展，中高考总成绩、总平均分、总优秀率、600分率进入昆明市优质学校前列。以2020届和2021届管乐班、合唱班个别学生为例，2020届中考管乐班陈同学、白同学双双摘得学校2020届中考第二名的优异成绩；2021届合唱班马同学获得西山区第一名、学校第一名双冠的优异成绩。

新时代，新使命，昆明市第一中学西山学校将以“培育德、智、体、美、劳全面发展的时代新人，建设高质量的教育体系”为目标，以美育人，以美培元，进一步深化立德树人育人体系，努力打造高质量的育人工程，为边疆民族地区构建立德树人工作新格局贡献力量。

坚持体教融合，促进学生健康成长

昆明市第一中学西山学校校长　高富英

青少年体育是促进青少年全面发展的基础保障。把学生的健康放在第一位，坚持健康第一的教育理念，努力让每个学生在运动中强健体魄、享受乐趣、完善人格、锤炼意志，健康成长为德、智、体、美、劳全面发展的建设者和接班人，这是昆明市第一中学西山学校一直以来的执着追求。

学校坚持五育并举，立德树人，一切为学生的终生发展奠基，坚持把学生的身心健康放在第一位，坚持以体育人，积极探索“学校—家庭—社会体育教育一体化”的教育模式，着力培养身心健康、阳光自信、志气灵气、有责任、有担当的德、智、体、美、劳全面发展的建设者和接班人，走出了一条学校体育特色发展之路。

一、以提升体育教师素质为根本，强化体育教研，着力打造高素质体育教师队伍

学校高度重视体育教学教研，开展体育教师集体备课，对体育课堂管理进行强化，并对体育课堂教学实施动态管理和过程进行考核；对体育教师进行综合素质测试，坚持将学生近视控制率、体质健康达标率等作为体育教师教学成效测评的主要指标和重要依据。

学校适时组织体育教师开展达标课、示范课、公开课、研讨课活动和体育优质课评比活动，有效提升体育教师的教学能力；学校大胆选用优秀体育教师担任学校中层干部和文化课班主任，积极对体育教师压担子、铺路子，全面提升体育教师综合素养，目前学校共有19名体育教师，有3名担任学校中层干部，5名担任学校初中和高中普通班班主任，有2名获得全国、全省体育教师课堂教学大赛一等奖，1名荣获云南省五一劳动标兵。

二、以加强课程建设为重点，面向全体学生，努力为学生提供高质量的体育教育

学校坚持按照国家规定开齐、开足体育课时，积极建设学校体育课程，精心打造体育优质课，坚持用课程引领学校健康发展、全面发展、特色发展，通过体育特色必修课、校本选修课程，组建各类运动代表队，开办体育特色班，培养高水平运动员，着力打造体育特色校园。

学校先后开设了足球、田径、击剑、射箭、高尔夫、排球、网球、啦啦操、花样滑冰、马术等校本课程和特色体育项目。除了正常体育课以外，学校针对高一年级全体学生每周开设一节高尔夫特色必修课，高二年级每周开设一节击剑特色必修课；针对全校学生，开设了各种体育类校本选修课，并采取“走班制”教学，学生可以根据各自兴趣爱好自主选择。近年来，学校有400余名学生在国际、国内的击剑、射箭、高尔夫、花样滑冰、马术等比赛中荣获大奖。

三、以开展丰富多彩的体育活动为载体，强调人人参与，全方位以体树人

学校坚持面向全体学生，认真抓实、抓好每天的早操、课间操、眼保健操和各年级、各班级的课外体育锻炼活动，坚持每天阳光运动不少于1.5小时；学校高位统筹，一体化管理，每年精心组织全校师生集体参与体育

节、冬运会、体育嘉年华；学校定期组织年级（班级）篮球、排球、足球、拔河、跳长绳、高尔夫等比赛，适时组织师生篮球、排球、足球、拔河等友谊赛，适时邀请兄弟学校开展校际足球、篮球、排球等友谊赛，定期组织初三、高三年级进行校外体育团队扩展活动。学校真正做到天天有活动，周周有比赛，人人有项目，让学生在体育运动活动中、比赛中增强锻炼技能，促进学习动力，激发健康活力。

四、以体育特色班为突破口，普及提高相结合，着力打造高水平运动项目

学校以行政编班形式固定设立体育特色班，开设足球、排球、篮球、网球、击剑、射箭、高尔夫等特色体育提升课程，由学校体育教师和外聘专业教练按每周6课时进行体育专业训练，着力打造学校高水平运动队。

以学校校园足球为例，作为云南省首批足球特色学校，学校坚持以“小足球”办“大教育”的教育理念，从课程设置、教师配备、教育管理、经费投入、设备保障、重点项目推进等方面促进校园足球全面发展，目前已初步形成从初中到高中的校园足球一体化发展格局，全校96个班级，班班都有自己的男女足球队，全校共有212个能够代表班级参加比赛的足球队，12个能够代表学校参赛的校级各年龄段男女足球队。

学校男女足球队近年来参加各级各类比赛硕果累累，初中女足获2018年云南省四级联赛总冠军和昆明市2017、2018、2019年四级联赛“三连冠”；男子足球也先后获得云南省足协杯、昆明市后备力量锦标赛冠军等多项奖项。

五、校企合作，推进体教融合，积极创造各种条件，为学生提供高品质的体育教育

学校努力争取各级领导和各方力量支持帮助，先后投入850万对学校运动

设施和场馆进行改造和修建；积极引入钉钉智能运动装备，打造智慧体育，努力为体育教学赋能。同时，为妥善解决学校运动设施和场馆不足以及高水平专业教师、教练不足的问题，学校积极开拓教育视觉，通过校企合作和与社区体育场馆合作的方式，先后与多家训练基地等建立友好合作关系，为学生开设滑冰、滑雪、游泳、马术等课程提供专业训练场地和专业指导教练。

六、积极构建以学校为基石的家校双向沟通机制

学校充分发挥学校和家庭在教育中的优势，实现功能互补，实现体育教育在时空上的紧密衔接，在家校合作框架下的互有分工，使学生的体育活动不仅仅局限于学校体育，而是扩展到家庭和社区。

通过组织“家长开放日”，邀请家长走进学校、走进课堂，让家长深度了解孩子在校学习情况。利用年级家长会、班级家长会，邀请专家和专业教师就孩子体育中考、体育教学、体育比赛等内容，对家校共育的责任和注意事项进行专业培训。

通过假期和重要体育活动、体育比赛的告家长书或写给家长的一封信，切实加强家校合作。通过设置体育家庭作业、邀请家长参与学校体育活动、体育比赛、组织亲子运动会，招募家长志愿者，鼓励家长合理规划和安排有益于孩子身心健康的家庭体育活动等形式，着力发挥家长在孩子体育教育中的重要作用。通过钉钉打卡体育家庭作业，家校共育，切实增强学生体质，锻炼学生意志。

“体者，载知识之车而寓道德之舍也”。在大家的共同努力下，学校体育教育教学形成鲜明特色，教育部四次到学校进行专题调研，对学校体育工作给予高度评价。

2014年至今，学校体育工作精彩纷呈，运动队在各级各类比赛中获奖，其中获国家级99项、省级294项、市级601项、区（县）级668项。

近年来，学校先后有25名学生获得国家一级运动员证书、91名学生获得

国家二级运动员证书。以体树人已然成为昆明市第一中学西山学校一道亮丽的风景线。近年来，学校先后被评为全国“和谐校园”先进学校、全国“平安校园”示范校、全国“规范化管理”示范学校、全国首批校园足球特色示范学校、全国校园网球特色示范学校、全国射箭重点学校、中国校园高尔夫发展计划示范学校。

搭乘信息化建设之舟，努力办人民满意的教育

——昆明市第一中学西山学校以信息化带动教育现代化

昆明市第一中学西山学校校长　高富英

昆明市第一中学西山学校信息中心主任　潘雄刚

当前，基于大数据、云计算、人工智能、虚拟现实等技术的辅助教学及管理软件应用广泛，使中小学教育逐步走向网络化、数字化、智能化和个性化的信息化发展路径。学校信息化建设已然成为促进中小学教育优质发展的必由之路，以信息化带动教育现代化。昆明市第一中学西山学校在推动教育信息化的进程中，不断探索实施信息化管理新举措，始终坚持以“一切为孩子的终身发展服务、一切为教师的终身发展服务、一切为学校的优质发展和可持续发展服务”为目标，以“培养身心健康、全面发展的人”为宗旨，找准“信息技术与课程整合”的结合点，为学校、师生、家长的共同发展努力搭建教育信息化平台，促进学校教育快速优质发展。

一、学校概况

昆明市第一中学西山学校（以下简称“昆一中西山学校”）是昆明市第一中学与西山区人民政府合作创办的一所一级一等高完中，学校位于西山

区兴苑路，占地218亩，现有初高中96个班级，在校学生近5000人，专任教师361人，是一所寄宿制学校。学校于2020年7月晋升为云南省一级一等高完中，办学14年即跻身省一级一等高完中行列，是云南省基础教育快速优质发展的典范。

2014年至今，昆一中西山学校在西山区人民政府、西山区教育体育局的大力支持下，教育信息化工作一共投入1197.64万元。学校目前基本实现了教学、办公现代化，学校信息化建设与应用工作在每年的市、区教体局目标管理检查中都得到了与会领导的一致好评。

同时，学校课后服务系统、选课走班系统、分班查询系统、校园安防系统、智慧门禁系统、网络阅卷系统、精品录播系统、心理测评系统、生涯规划系统、学生综合素质评价系统、校智付校园食堂刷脸消费系统、线上线下混合式学习系统等平台有序运营，真正做到利用信息化平台为全校师生和家长提供优质、高效的信息化服务。学校依托国家教育资源公共服务平台建设的“三十六计·见招拆招”专题教育社区，在全国200多个专题教育社区建设评选中脱颖而出，荣获中央电教馆全国精品教育社区，课题案例发表在《国家精品专题教育社区案例与评析》一书中。

二、规划建设

1.强化组织管理，组建信息化提升管理团队，构建高效能的工作机制

昆一中西山学校十分重视学校信息化建设提升工作，为确保学校教育信息化工作有序推进，学校成立了以高富英校长为组长的信息化建设与提升领导小组，旨在打造一支师德高尚、业务精良、成绩突显的信息化建设与管理学习型组织队伍，全面推动学校信息化的深化应用。学校还成立了以校长为组长，副校长、信息中心主任及会计、总务主任为成员的资金投入设备保障组，领导小组定期召开专题会议，商讨落实学校信息化提升工作、策划并参与信息化硬件的投入、设备的维修及维护等事宜，开展教师信息化能力提高

的培训等常规化工作。

学校在教育信息化发展过程中，根据实际需求制订了学校信息化工作发展规划、学年度工作计划、校本研修计划和教师信息化能力提升计划，同时制定并落实好教育信息化管理制度、学校信息化经费投入保障制度、教师信息化应用水平考核机制等十余项制度，对学校信息化工作高标准，严要求，以此促进信息化工作的发展进程。

2. 加大投入力度，建设良好的信息化工作环境

学校信息化环境建设是学校教育现代化办学的重点工作之一，加大硬件投入力度是实施学校信息化工作的前提。为此学校先后多方筹集资金，科学规划，从信息化建设硬件入手，配合相关的软件资源，为全校师生搭建信息化应用管理平台。

学校现有5间计算机专用教室，96间班级多媒体设备，1套涵盖130间教室的IP广播系统，1套覆盖96间标准化考场的监控系统，1套覆盖全校教学区、宿舍区、活动区共524个监控点的智慧安防系统，2间人工智能实验室，2间多功能LED多媒体活动室。全校网络接入达到了8.5G，无线办公网络正常稳定运行，为学校推行数字化办公打下坚实的基础。

3. 有效搭建信息化学习平台，促进教育优质发展

（1）通过线上线下混合式教研，让异地师生手拉手，实现优质教学资源共享互联

2020年9月以来，学校利用精品录播系统与上海市奉贤区学校联合举办“5G+双师课堂”和“5G+精准教研”网络教研活动，涉及语文、数学、英语、政治等学科，这种线上线下混合式教研激起了师生们的热情。信息化赋能教育的时代，名师授课，专家指导，使异地师生也能享受优质教学资源的共享互联。

（2）搭建线上线下混合式学习系统，让育人方式更加个性化和多样化

为解决学生因为各种原因不能到校上课的问题，学校率先在所有教室安

装高清摄像头，配合学校钉钉服务平台，实现教学与学习方式由单一的线下教学向线上线下混合式学习进行转变，保证了不能正常到校学习的学生也能依托线上线下学习系统在家同步参与学校的教学进度和作业布置。

学校通过信息化手段打破传统的、单一的线下教学方式，让育人模式更具个性化和多样化，解决了学生不能按时到校却依然能正常和学校同步学习的难题。

（3）借助平台深化应用，为全校师生提供优质服务

随着学校办学规模的扩大和办学品质的提升，学校先后开发、引进第三方平台，如生涯规划系统、心理测评系统，为全校师生和家长提供优质、高效的信息化服务。

为适应新高考改革，学生成长生涯规划中心累积为1800多名学生提供生涯规划的个体辅导、心理成长辅导及升学指导。学校引进的“51选校”生涯平台，利用大数据，为学生迎接新高考提供生涯指导，让学生提前了解社会，清晰定位，明确目标，为选科及职业生涯规划明确方向。

同时，昆一中西山学校学生成长生涯规划中心将抑郁症等筛查纳入学生体检内容，为学生建立心理健康档案，评估学生心理健康状况。自2020年至今，学生成长生涯规划中心为学校学生建立心理档案9000余份，累积为学校学生及家长提供咨询3000余次，每学年平均咨询500余次，这些工作帮助学生缓解了许多学业压力、提升了人际交往能力、与家长建立了良性沟通关系，得到学生和家长一致认可。

三、加强培训应用，在实践中提升信息化应用能力

1. 加强队伍建设，形成“1+N”辐射引领模式，提升全体师生的信息化素养

（1）加强应用培训，提升教师信息化素养

校长带领信息化领导小组，定期组织教师参加信息技术相关培训，提升

教师队伍的信息技术应用能力。例如，信息技术与各学科深度融合研究，线上与线下混合互动研究，校内与校外线上融合应用研究，依托物联网、云计算、大数据、泛在网络、人工智能等信息技术提升教师的信息化素养，课件制作优化，微课制作，人工智能应用，网络安全等培训。

在学校的各种研修活动中，形成昆一中西山学校“1+N”以点带面的辐射引领模式，“1”为信息技术骨干教师或信息技术与学科深度融合应用专家，“N”为“1”所带领的研修团队，以专家引领的方式实现整体推进，共同进步。通过“1+N”模式的示范引领，学校目前所有教师都能熟练操作计算机，都能从学校合作的资源平台或国家、省区市公共资源服务平台下载优质教学资料，运用相关软件对获取的资源进行优化处理，为自己的教育教学赋能，有效提升教育教学质量。

（2）在课程和活动中培养校园“四有”好网民

学校在正常的信息科技和信息技术课程中，培养以学生为主体的“做中学”“用中学”“创中学”的新型学习方式。根据学校的办学特色，积极开展科技创新课程，如算法与程序设计、智能机器人、无人机表演、3D打印及建模、人工智能系统和创客教育等课程培养学生的创新意识和创新思维，旨在提升全体学生的信息素养。此外，学校也紧抓学生网络文明教育，在各类课程和各类育人活动的开展中渗透网络安全教育，引导教育学生不沉迷网络，在使用网络的过程中有高度的安全意识，全面提升学生的网络文明素养，遵守网络法律法规，使学生面对复杂的网络信息，有必备的防护常识和防护技能，切实培育校园“四有”好网民。

通过课程和各类活动的开展，也形成学生之间“1+N”社团结对模式，将优秀学生作为示范引领的“1”，带领相关社团“N”个成员进行整体提升、整体推进，实现学生层面信息素养的整体提升。

2. 优化整合，用信息化带动教育现代化

（1）让信息化走进课堂，赋能教育优质发展

通过不懈努力，学校目前信息化设备使用率达到100%，信息技术与各学科课程深度融合覆盖率达到100%，目的就在于让信息化走进课堂，带动学校教育现代化，赋能学校教育快速优质发展。

通过全校师生的不断学习探索，教师使用信息化设备和资源辅助教学应用的能力不断增强，为学校教师积极参与省、市、区各种信息化、课件制作、软件应用比赛打下了良好的基础；学生的学习兴趣更加浓厚，动手能力日益提升。2020年至今，全校参加云南省、昆明市中小学生信息素养大赛有100余件作品荣获省市一等奖，20余名教师荣获优秀教师指导奖。

（2）用科技引领发展，为祖国培育创新型的时代新人

教育信息化工作是学校教育教学工作的助推器，促进学校五育并举、特色发展、全面发展和可持续发展。学校在信息中心的基础上，率先成立科创中心，倡导用科技引领发展。学校积极开展科技节、科技周、科普月等活动，参加省市区相关的科技展演、科学家进校园讲座、创新实践研学等活动，为学生创新发展提供更广阔的平台，促进学生的创新能力、实践能力的提升，并养成科学精神。科技教育在世界、国家、省市区舞台上结下累累硕果，培养了一大批极具创新思维的时代新人。

2017年至2022年，学校科技教育荣获国际奖项28项，国家级奖项217项，省级奖项317项，市级奖项227项，区级奖项291项，并荣获团中央“小平科技创新实验室”和“全国人工智能特色单位”荣誉称号。

四、搭乘信息化建设之舟，努力办人民满意的教育

昆一中西山学校将以学校信息化建设为契机，抓住机遇，发挥优势，使学校教育飞速发展。学校将继续多方筹集资金，争取社会各级部门的支持与投入，加强学校信息化建设，并将其放在近年来的工作首位，以信息化带动

学校教育现代化。

随着时代的发展和科技的进步，昆一中西山学校在信息化浪潮下已做好充足的准备，学校信息化建设管理团队将带领全校师生，学以致用，用以促学，搭乘信息化建设之舟扬帆远航，促进学校教育优质发展，努力办人民满意的学校！

从基础到拔尖：积极构建中学拔尖创新人才培养体系

——昆明市第一中学西山学校的探索与实践

昆明市第一中学西山学校校长　高富英

昆明市第一中学西山学校科创中心主任　齐洪

党的二十大报告提出，“加快建设教育强国、科技强国、人才强国，坚持为党育人、为国育才，全面提高人才自主培养质量，着力造就拔尖创新人才”。怎样在中小学阶段发现、培养和造就拔尖创新人才，怎样正确引导青少年学生学会创新并走向成功，是我们基础教育必须面对的课题。中学作为基础教育的重要组成部分，是拔尖创新人才早期培养的关键阶段。积极构建拔尖创新人才培养体系，自主培养拔尖创新人才是新征程上教育必须担负起的职责与使命。

昆明市第一中学西山学校（以下简称“昆一中西山学校”）办学10年来，坚持五育并举，立德树人，以着力培养全面、个性共同发展的，具有国际视野、家国情怀的，具有创新精神、实践能力的，阳光、自信、灵气、志气、有责任、有担当的创新型人才作为学校的办学特色，积极探索和实践从基础到拔尖的创新拔尖人才培养模式，走出了一条多元发展、特色发展、创新发展的学校内涵发展之路，学校“11233”拔尖创新人才培养模式成为学校一道独特而亮丽的风景线。学校屡次在国际、全国及省市区的科创竞赛、发明创造等活动中荣获一等奖，先后被授予“全国青少年科学工作室”“全国人工智能示范学校”“小平科技创新实验室”“全国科技发明示范学校”等。

一、“11233”拔尖创新人才培养理念

在很多人眼里，总觉得科技创新是大学、研究所、科技企业的事情，但在我们看来，科技素养和创新能力是需要从小培养与维持的。习近平总书记在2020年科学家座谈会上的讲话强调：“好奇心是人的天性，对科学兴趣的引导和培养要从娃娃抓起，使他们更多了解科学知识，掌握科学方法，形成一大批具备科学家潜质的青少年群体。”

在普通中学，提到拔尖创新人才培养时，有人可能会认为就是通过学科竞赛活动，扩大清华大学、北京大学等知名大学的上线人数。事实上，我们认为拔尖创新人才的培育不能止步于学科竞赛，仅仅通过成绩和智力选拔，是在狭隘化拔尖创新。创造力是与生俱来的，人人都有成为拔尖创新人才的可能。每个人的天赋兴趣与创新能力都有所不同，单纯的学科奥赛对大多数学生而言并不一定适合。

在昆一中西山学校，我们认为：拔尖是创新人才呈现的结果，而不是选择和测试的方式。每个人创新能力所在的领域是不同的，拔尖创新人才是在各自领域长远发展的创新思维品质和问题解决能力，能够在各自领域发现并解决问题，并在创造“不同”中逐步成长起来的拔尖人才。我们需要注意到拔尖创新人才在空间维度是不同领域有不同创新空间，在时间维度是逐渐成长并能长远发展。这个“不同”，可以是新的思想理论、新的战略策略、新的科学发现、新的应用技术、新的方法和工艺、新的组织模式、新的经济模式等；可以是原创性的创新，也可以是应用过程中的创新；可以是局部的微

创新，也可以是整体性的系统创新；可以是自然科学技术的创新，也可以是体育、艺术和人文社会科学领域的创新。不同的领域我们都需要拔尖人才。创新人才能够在各自的领域创造“不同”，但也具有一些共同的素质和人格特征：如有高度的自觉性和独立性；有旺盛的求知欲；有强烈的好奇心；知识面广，善于观察；有丰富的想象力、对智力活动与游戏有广泛兴趣；意志品质出众，能排除外界的干扰，长时间地专注于某个感兴趣的问题等。

基于这样的认识，昆一中西山学校在多年实践与探索中，将拔尖创新人才的培养与学校的办学实际相结合，更新办学理念，提升育人水平，构建了“11233”五个维度的创新人才培养模式，即

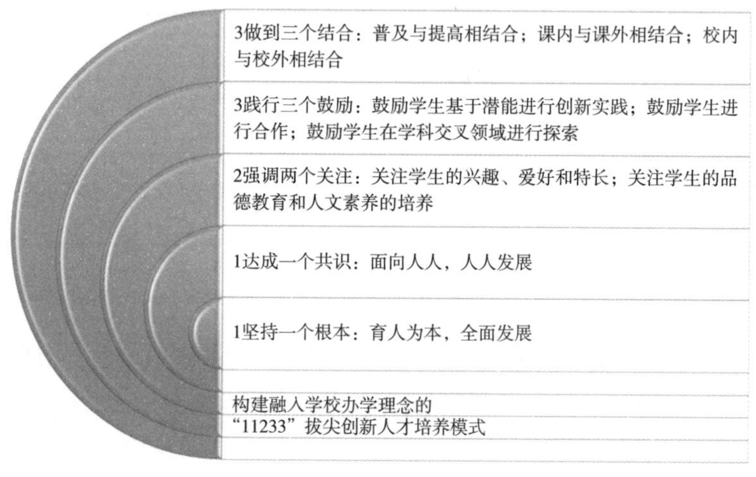

图 1 “11233”五个维度的拔尖创新人才培养模式

1.“1”：坚持一个根本

我们认为，“拔尖创新”不是采用选拔的方式掐尖，不是短时的功利性教育，而是面向未来的人才发展，是所有具有创新素养的学生都可能成长为拔尖创新人才。每个人的创新潜能与创新发展领域有所不同，拔尖创新人才不应该只是关注少数，而是面向每个学生的发展潜质去挖掘，从基础到提升再到拔尖，为不同的学生构建有层次的发展体系，助力每个学生成长。所以，中学阶段的拔尖创新人才是面向所有具有创新潜质的学生，即全体

学生。

学校坚持以育人为本，全面发展，坚持以学生发展为中心，促进学生全面发展、个性发展、科学发展、可持续发展，以提升学生综合素质、关键能力和创新能力为核心，充分挖掘学生的潜力，培养学生的创新精神和实践能力，培养有国际视野、家国情怀的，有理想、有本领、有担当的创新型人才，形成有温度、有品质、有生命的办学理念和科创育人的办学特色。

2.“1”：达成一个共识

我们认为，教育教学在任何维度上都是以立德树人为核心，应该面向人人，做到人人发展。每个学生都有创新的潜质，教育需要培养每个学生的创造力和创新素养。拔尖创新人才是综合能力和综合素养的体现，并不一定是那些天资聪慧、智力出众的“天选之人”，一切都有可能，每个人都可以创造奇迹，每个人都可能创新，每一个青少年都有无限的发展可能！作为一所普通中学，作为一名基础教育工作者，我们的任务就是要发现这些可能，开发这些可能，助力这些可能，造就这些可能，为人的终生发展、科学发展、可持续发展奠基。中学时期，是激发学生创新潜质的重要阶段，学校应形成“面向人人，人人发展”的创新氛围，构建创新机制，打造创新的平台和条件，从创新观察能力、创新思维能力、创新实践能力的锤炼上，为学生提供全面的创新素养发展支持，为成长、为拔尖提供平台。

3.“2”：强调两个关注

我们认为，兴趣是最好的老师，强烈的好奇心，旺盛的求知欲，是创新的基础。培养拔尖创新人才，首先要关注学生的兴趣、爱好和特长。基于这样的思考，我们根据学生的兴趣、爱好和特长进行分层分类、因材施教，鼓励学生跨学科学习和研究，拓宽学生的知识面和视野。我们认为，有兴趣和好奇心的维持，拔尖人才才能做到创新，才能走得长远。昆一中西山学校从2017年开始在初一年级以兴趣爱好分班，努力做到“一班一特色”，人人有发展，特别设置了科技班。同时，学校特别关注学生的品德教育和人文素养的培养。我们要培养什么人，怎样培养人，为谁培养人，是教育者首先要弄明白的问题。拔尖创新人才要有家国情怀与公民意识。因此，在特色班级的课程设计与常规课堂中，特别强调学生的社会责任感和公民意识，注重在相应课程中结合时代发展，通过数字化创新的方法渗透品德教育和人文素养的教育，让学生成为具有高尚品德和人文情怀的人才。

4. “3”：践行三个鼓励

鼓励学生基于潜能进行创新实践，鼓励学生进行团队合作，鼓励学生在学科交叉领域进行探索，是昆一中西山学校在拔尖创新人才培养方面的一大特色。第一，通过个性挖掘及组织创新实践活动，学生在项目式的科创教学中发现问题、分析问题、解决问题，培养学生的创新精神和实践能力。为了满足学生强烈的求知欲，学校专门设置了开放自主的创新实验室，全时段向所有学生开放，鼓励学生自主探索，不断地在实践中发现问题并解决问题。第二，学校非常注重培养学生的团队合作精神和领导能力，鼓励学生积极参与各种集体活动和科技创新项目，自主竞聘并担任科创项目负责人、担任小老师，积极推行学生导师制，高年级带低年级，强带弱，以小组为单位进行科创项目研究，不断提高学生的团队协作能力，并形成实验室的科创文化与合作氛围。第三，学校特别注重学生的学科交叉和知识融合，积极鼓励学生跨学科学习和研究，如组织跨学科阅读、科普剧创作、科幻绘画、人工智能+学科等，拓宽学生的知识面和视野，培养具有综合素质的拔尖创新人才。

5. “3”：做到三个结合

在拔尖创新人才培养过程中，学校始终做到三个结合：普及与提高相结合，课内与课外相结合，校内与校外相结合。第一，学校在面向全体学生开展科技创新普及教育的同时，也针对有潜力和有兴趣的学生进行个性化培养。通过开设科技创新课程和活动，激发学生的创新思维和实践能力，使他们在探索中不断提升。第二，学校不仅在课内注重实践能力和创新能力的培养，还积极开展课外科技活动，如参加科技竞赛、参观科技展览、进行科创研学等。这些活动为学生提供了广阔的实践平台，让他们在实践中巩固知识，提高创新能力。第三，学校积极与大学、科技馆、科技企业、校外机构合作，通过大学资源的引进和校外资源的整合，如引进知名科技公司的优质资源，为学生提供更丰富的科技创新理念。同时，学校也鼓励学生参与校外科技创新活动，拓宽视野，增强实践能力。

二、科创育人体系建设

2015年，学校组建了校长负责与主管的科创中心，开始了对拔尖、科创人才的探索。在具体的实践过程中，我们从三个层级有效推进学校科技创新教育，着力培养有创新精神和实践能力的拔尖创新型人才。

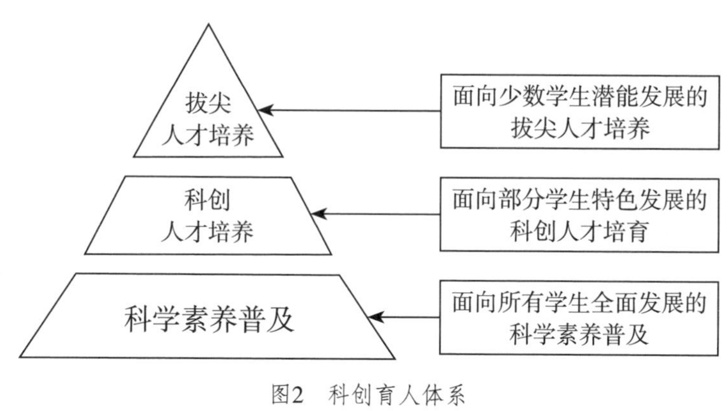

图2　科创育人体系

1. 第一层级：面向所有学生全面发展的科学素养普及

这个层级主要是围绕学生核心素养发展的学科基础课程与科创普及活动。我们始终在思考的是：我们的孩子成长起来，未来进入社会后，需要具备怎样的素养才能更好地在这个社会学习、生活、工作和生存。每一门学科都有自己独特的育人价值，为此，在开齐开足国家课程的同时，我们开设了普适性的科技与人文方面的基础课程，同时，开展了多学科融合科技节、科技周、科创月、人文科学讲座、科学家及院士进校园、科技展览、科创研学等素养类活动。这是面向全校学生的科学素养提升课程与活动，是多学科交融的，是科技与人文交会的，是对学生兴趣的发现与引导。

在这里，我们以课程与活动为载体，让科学渗入课堂，开展科学素养教育，让每名学生都有机会参与校内科技活动。昆一中西山学校以科技活动与多元平台创造条件，培养更多有科学素养的学生，为学生创新发展提供更广阔的平台。

2. 第二层级：面向部分学生特色发展的科创人才培育

根据学生的兴趣和需求，学校开设了有学校特色的科技课程与科创活动，设置了培养创新人才的中学科创课程，开展了基础类科技创新竞赛，组织了丰富多彩、倾向于创新发展且多数学生能参加的科创活动。例如，学校建设了不同学科的特色实验室（如生物标本实验室、计算机机器人工程实验室、跨学科人工智能实验室、科学与艺术交汇创作实验室、天眼星空实验室、开源电子智能创造实验室、校园文创工作坊等），让学生在开放的实验室中探索。同时，学生根据兴趣自主选题并选择相应的指导教师，教师引导，在项目的探索中进行深度研究性学习。因为是基于学生兴趣的，学生开展的选题是多元的，可能是前沿的人工智能深度学习、机器人的机械结构设计、物理世界的量子力学与宇宙空间、星空观察测量与起源、生物基因与智能技术、人文学科中小说文本智能分析等。在面向部分学生特色发展的科创人才培养维度，我们建立课程与教师机制，开放平台与空间，引入校内外资源，在有深度的学习与探究中，维持学生兴趣和好奇心，让学生逐渐成长为有一定创新能力的人才。

昆一中西山学校致力于培养学生的创新精神、实践能力和科学品质，多维度提高青少年的创新能力和科技素养。因而，从软件和硬件多方面为特色发展的科创教育做好保障。与此同时，昆一中西山学校立足科创实验室，重新设计科创教育的学习空间，培养更具潜力的人才。学校科创教育学习空间从过去固定教室的流程模式转变为以学生创造为中心的开放学习模式。在昆一中西山学校自主开放多元的科创实验室，更加支持学生科创协作、自主学习、主动学习以及探究和创造。

3. 第三层级：面向少数学生潜能发展的拔尖人才培养

从兴趣到发展，从初中到高中，为了让在部分学科或领域表现有潜质、优异且突出的创新学生成长起来，为了深度培养科技创新人才，从发现到培养再到造就，从基础到提升再到拔尖，学校从2017年开创性地开设科技特色班，组建学校高水平教师团队，整合科创课程体系，培育拔尖创新人才。学校坚持科技特色班与创新课程深度培育创新型学生，除了基于五大学科（数学、物理、化学、生物、信息）竞赛的拔尖人才项目外，学校还建设了基于工程实践及人工智能等方面的科创专项培养项目。在初高中一体化的教育中，推动学生在科学技术和人工智能方面的深层次学习。

学校科创育人体系的三个维度、三个层次不是分离的，而是三位一体的。首先，拔尖创新人才培养虽然属于第三层次，但拔尖人才的发现、培养与造就有赖于第一和第二层次，“拔尖”的基础是全面的，在广泛的基础上发现与提升。其次，从所有学生到部分学生再到少数学生，从基础到提升再到拔尖，从普及到培育再到培养，科学与人文素养的培养是不变，在层层递进过程中始终是育人为根本，再根据学生的兴趣与需求提供相应的成长与发展空间。

三、以科创教育培养拔尖创新人才的实施路径

科创教育，育人为本。昆一中西山学校从基础到拔尖构建中学科创育人体系，发挥教师专业能力，建设校园科创中心，总体目标是以科学之体系培养未来科创人才，设计、开发和组织实施不同层次青少年科创课程与教育项目，促进初高中创新人才培养的有效衔接，用科学的方法开展可持续的科技创新教育，为培养未来的科创人才提供更多的途径。在科创育人，培养创新拔尖人才过程中，学校的实施路径和工作对策，重点通过以下四个方面进行。

1. 创新教育模式

2017年，为了更好地促进学生创新发展，昆一中西山学校开创性地在初中阶段设立科技特色班，组建专业科创教师团队，以创新课程深度培育创新型学生，在初高中一体化的教育中，推动学生在科学技术和人工智能方面的深层次学习。

昆一中西山学校建立的科技特色班创新发展体系不同于一般的社团课及选修课。首先，学校的科技特色班是一个独立的行政班，进行双班主任制管理，配有行政班主任和专业班主任，班级三年不变，形成自己班级独有的科创文化。其次，科技特色班每周固定开展科创教育共8节课（正课2节、选修课1节、周五课后2节、周日提前3小时到校），寒暑假开展科创训练与科技研学。有时间保障才能持续地进行科创学习，科技特色班的学生在正常的学习之外，更专注于科技创新的研究与发展。同时，学校组建专业科创教师团队与班主任团队指导管理班级，教师团队的组成有昆明市高层次人才、云南省创新工作室主持人、全国课赛特等奖一等奖获得者、全国科创竞赛优秀教练等。最后，科技特色班的课程体系是从基础到提升跨学科多维度的，不局限于学科竞赛，还关注社会发展及不同创新领域。

从2017年开设以来，昆一中西山学校已经开设了7届科技特色班，效果与成效明显，同时积累了中学科创人才培育的实验数据、培养方法、教学经验以及课程实践研究。科技特色班经过多年的教育教学实验及实践，以点带面，形成了学校独特的校园科创文化：求知若渴、尊重科学、独立坚毅、团队成长，并凝练了中学科创学子科技学习的四个品质：科学、坚毅、求知、团队。

科学：在人类发展中，科学让我们从无知走向文明，科技发展还有无限空间等待我们去探索。在这里，我们尊重科学，独立思考，培养理性的科学思维。

坚毅：“正确的结果，是从大量错误中得出来的；没有大量错误作为台阶，也就登不上最后正确结果的高座。”在这里，学会面对挫折，在无数次失败中成长。

求知：任何时候都应保持求知的状态，无论面对多少困难，请保持好奇心。在这里，质疑提问，批判思考，不人云亦云，学会创新地解决问题。

团队：在团队中，无论多少分歧，无论多少辩论，都是被允许的。当面对问题时，我们共同承担责任，互相支持与信任，科学的团队才能长远发展。

2. 构建科创课程体系

昆一中西山学校通过构建基于核心素养背景下的系统科创课程体系，建立各个类别的科创课程群，引领学生发展。值得一提的是，学校的科创教师团队结合中学生的特点和不同层次的学生需求，以及不同领域的发展，借鉴国内外课程模式，在教育教学中不断重塑课程体系，整合了嵌入集成电路、算法程序设计和机械工程设计三个方向的课程，形成20多门特有的科创课程，这些课程都已融入科技特色班三年的常规教学中。

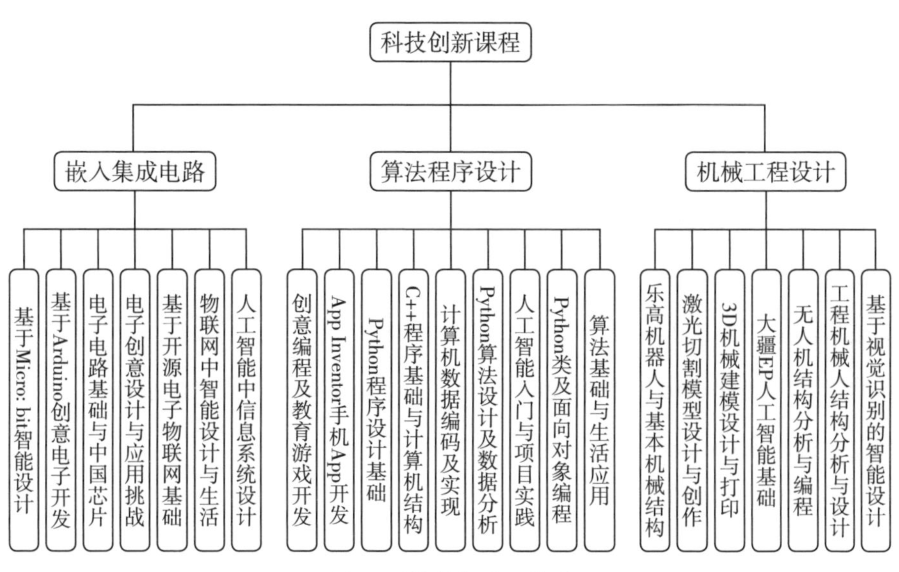

图3　科技创新课程体系

昆一中西山学校从初一到初三构建融合多学科的综合系统科创课程，包括机器人类、建模类、开源电子类、教育游戏类、创新设计类、人工智能类等，关注学生计算思维、数学思维、创新设计思维、工程思维的培养，并在每年教学实践中迭代修改课程体系与内容，以构建系统与科学的科技课程体系，促进学生在科创上的长远发展。

3. 建设科创项目

学校通过开展多元科创项目，分层次提升学生科学素养。学校高度重视创新型学生培养与孵化，除了基本的学科实验室与培养计划外，学校建有多元、开放、自主的科创实验室与工程实践项目，开设人工智能、机器人、VEX、FTC、机甲大师、3D打印、MakeX、智造设计、micro: bit及Arduino开源电子、树莓派开发、星际探索、无人机、模拟飞行、科学艺术等30多门科技创新实践项目，从基础到提升，再到研究，通过交叉学科和前沿技术不同层次的启蒙、培养和提升学生的科学素养。

昆一中西山学校科创实验室的科创项目从基础到提升，再到研发，不同层次的项目为学生打开了技术世界的大门。搭建、控制、钻研、设计、制作机器人，学习机器人的控制系统、动力系统、传动系统、执行系统等，在创造中收获快乐与成长。

昆一中西山学校的科创教育实践不仅务实开展基础科技教育，还瞄准当下前沿技术和社会发展需求；不仅面向全体学生普及科学，还通过高层次科技项目为学生的未来发展提供有力支撑。在这里，学校不仅关注动手搭建与机械建模能力的提升，更注重对现代工程技术的认识；不仅注重基本工程素养的培养，更注重通过智能技术解决问题的能力提升；不仅注重科技知识的学习，更注重科技素养和创新实践能力的培养。

4. 开展科创竞赛

昆一中西山学校是一所多元而有特色的学校，在科技创新竞赛上呈现多元创新的发展。为了给学生的发展提供尽可能多的可能性，学校创造和搭建大量的科技成长平台。

除了常规的学科竞赛，学校组织学生参加国内各级科技创新大赛与机器人竞赛、世界机器人大赛、FLL工程挑战赛、VEX工程赛、FTC技挑战赛、WRO世界青少年机器人奥林匹克竞赛、世界教育机器人大赛、Robomaster机甲大师、中国高校移动创新大赛、中国青少年机器人竞赛、全国科普创新大赛等有挑战和高水平的科创比赛，并在比赛中开展基于技术提升的深度科技研学，给学生提供更多的可能性和发展机会。在比赛与研学中，激发学生的创新意识，开阔学生的科技眼界，培养学生的团结协作能力，提升学生的技术素养。

学校通过组织学生参加各级各类的科创竞赛、机器人大赛、学科竞赛、发明活动等，不断推动学生创新发展。学校自2015年开始科创人才培养以来，屡次在国际、全国及省市区的科创竞赛中获一等奖。近5年，学校科技创新团队在各级各类比赛中屡创佳绩，其中，国际58项、国家级381项、省级602项、市区（县）级794项。

当然，在科创教育与拔尖创新人才培养的道路上，学生的热爱、坚持与成长，才是我们最大的成果与收获。正如学生所言，“面对挫折与解决问题的能力无疑是在科创实验室项目的经历中逐渐培养的，这远比获得的奖项更为重要。在科创实验室的锻炼能让自己向内生长，因为科创解决问题的底层思维逻辑框架与方法论与我们未来的学习是共通的”。

昆一中西山学校拔尖创新人才培养是从创新教育模式、构建科创课程体系、建设科创项目、开展科创竞赛四方面构建科学而可持续的中学科创教育体系，从而推进科学的育人体系，促进学生高素养全面发展，为国家培养栋梁。

拔尖创新人才的培养不是一朝一夕能完成的，而是长时间的求知与思考；不是单一知识的习得，而是面向问题解决的综合应用。从最初科创教育实验的勇敢前行，到现在的不断进步与硕果累累，学校在不断实践研究与迭代课程。学校的科创教育研究实验已经逐步构建了系统的科创教育课程，在学校初高中一体化的科技人才培养下，未来，学校的科创教育和创新拔尖人才培养将进入深度的教育研究与实践，学校将不断发展和完善适合学生发展的科创课程体系，尊重个性、主动发展、追求卓越，在教育方式、方法、模式上不断完善，进一步为创新拔尖人才培养筑牢根基，推动学校教育又快又好地发展。

用心做教育“以爱育爱　以情育情”

——新时代教书育人的思考和践行

北航云南创新院实验学校书记、校长　罗绍平

陶行知先生说：“捧着一颗心来，不带半根草去”。为师，需要技巧，需要情怀，更需要大情大爱。而这一切的出发点，就在于坚定不移的高尚师德。师者，传道授业解惑也，传道才是使命。传道不能止于言表，而在日常所为，是富有师德的自然化流露。没有真性情、实大爱，就不会深入人心，更不会永恒赓续。《学记》中言：“君子知至学之难易，而知其美恶，然后能博喻。能博喻然后能为师。”师者，不仅凭渊博的学识为学生答疑解惑，而且还要做到立德、立言、立行。当其德言行被学生效法，学生就会心悦诚服，德性的根本，都具体出于自己的本心。北航云南创新院实验学校在构建新时代“以爱育爱，以情育情”的校本课程中，取得了良好效果。

一、彰显党员本色，行动诠释党员担当

1. 认真践行一岗双责

北航云南创新院实验学校中层以上及全体党员教师积极与学校签订“一岗双责”责任书；认真学习贯彻落实每次重大会议精神，夯实全面从严治党主体责任，切实履行“一岗双责”，统筹抓好政治、思想、组织、作风、纪

律和制度建设，充分发挥班子和党员模范带头作用；从严从实抓好教师中层队伍建设，提高班子的凝聚力、战斗力，充分激发教师教育教学的积极性；完成角色转换，着力增强使命担当，学校将“勤、快、严、实、精、细、廉”落实在岗位上，全面推进重点工作，及时查漏补缺，确保高质量完成目标任务。

2. 严格遵守党风廉政规定

教师大计，师德为本。我校召开“树师德、铸师魂”师德师风专题培训会暨警示教育工作会，按照加强党风廉政建设和持之以恒反“四风”的要求，结合教师职业行为十项准则，通报教体系统近年来的一些违反师德师风典型案例，全体教师上了现实版的“师德师风”课，并以此为反面教材，汲取教训，引以为戒；教师应坚持清廉自守，廉洁从教，自觉抵制各种非正当利益的诱惑；牢固树立法纪意识，坚守职业道德底线，远离“酒桌文化”“圈子文化”，把师德师风各项建设常态化、具体化、清单化，努力营造学校风清气正的政治生态和育人环境。

3. 全面引领党员教师

一个党员，就是一面旗帜；只有旗帜高高飘扬，才会感染更多的教师成为名副其实的好教师。学校支部开展“不忘初心，牢记使命”主题教育活动。强化全体党员理想信念教育，增强“四个意识”，坚定“四个自信”，教育广大党员教师要牢记党的宗旨，在平凡的工作岗位上发挥先锋模范作用。

重温入党誓词，与时俱进，恪守承诺。激励每名党员对照入党誓词，找标准、找差距，回顾入党时的真诚和激情，坚定理想信念，增加对党的感情，增强党性修养，转变工作作风，牢记入党誓词，自觉遵守党的章程，终身践行入党誓词。

二、聚焦专业发展，全力提升专业水平

党的二十大首次把教育、科技、人才“三位一体”摆放在突出位置，

统筹安排、一体部署，揭示了教育高质量发展与实施人才强国战略的内在逻辑，提出了教师专业发展与教育高质量发展的时代命题。新时代教师要答好为党育人、为国育才的“时代考题”，加速自身专业发展，切实肩负起人才强国的神圣使命，对接人才强国战略需求。

1. 筑牢专业理念

一是我校重视教师能力提升理念，派教师外出参加各类学习，教师回来须在教研会上分享学习心得。教师面对的是生动活泼、日益成长的学生，教师要认识学生、了解学生，把握学生的特点和需求，把握学科的基本理论，通过有效的方法来指导学生学习驾驭课堂的能力，以保证学生的学习效果。二是践行终身学习理念，我校要求教师每年阅读3~5本教育教学专著，撰写教育教学心得体会等，树立教师终身学习的理念，还要求教师及时把握国内外教育发展的动向，跟上教育理论和知识学习的发展步伐，不断充实和完善自己，使学习成为自身生活中的一种习惯。三是我校强调以学生为本理念，在教育教学过程中，学生处于主体和中心位置。以学生为本，就是遵循教育教学的规律，坚持学生主体的教育理念，尊重、关注和爱护学生，引导学生积极、主动地参与学习，将促进学生快乐学习、健康成长作为教育教学的最终目标。四是倡导以师德为先理念，教师面对的是成长中的学生，要注重为人师表，重视榜样的作用。师德大到遵纪守法、献身教育事业，小到个人修养、言谈举止。在对待学生的态度方面，本着“教师爱是教师的灵魂”这一理念，着重要求教师要富有爱心、耐心和责任心。我校每月召开一次“思想交流会”，交流会上教师踊跃发言，分享心得，促进了教师思想上的进步。

2. 夯实专业知识

教师只有具备过硬的专业知识，才能在教学领域带领学生进行深入浅出、触类旁通的学习，才能引领学生熟练、灵活地解决学科问题，才能带领学生创造性地开展探究性学习，才能系统地整体把握教材，才能够给予学生智慧的滋养，开启学生的智慧之门，促进学生的可持续发展。我校除组织参加由省、市、县的继续教育外，还由教科处负责人牵头，全体教师参与，以“更新专业理念　夯实专业知识　提高专业能力”为主题，进行培训与研讨活动，通过培训使他们再次认识到掌握专业知识的重要性。

3. 锤炼专业能力

一是组织教学的能力，教师的一项重要任务是对学生进行知识的传授，这就要求教师必须具有组织教学的能力，这是教师能否出色完成教学工作的关键。二是对教育影响的传导能力，教师要善于掌握并运用教育影响，要使教师的知识、技能、思想和感情等变为影响学生的教育力量。三是组织管理能力，教师面对班集体进行教育工作，其组织管理能力必然会影响到教育教学工作的进行。四是科研能力，教师的科研能力是指各级各类教师在进行教育教学工作的同时，从事与教育教学相关课题的总结、实验及创造发明的能力。北航云南创新院实验学校由教务处、教科处组织教师参与各级教育教学竞赛、课例大赛、课题申报结题、教育教学论文评比大赛、教师同步参与学生测试等活动，有效提高了教师专业能力。

三、科学管理学校，有效带领各项工作

2022年10月，在“筑牢情怀　砥砺奋进——昆明市‘高富英名校长基地’学习研讨活动”中，我从办学初衷、学校现状、教师队伍建设、生源分析、德育课程、教学实施等方面与参会人员做了交流。我校办学时间不长，仅有五年。办学条件艰苦，新校区尚在建设，临时校点为小学校址改造，学生宿舍与食堂一墙之隔；教师队伍组建困难重重，部分教师来自小学，从未有初中教学经验；本地优质生源流失严重，学校招入学生与名校相比差距较大；行政班子配备不全，校长书记一肩挑，无副职助力，学校仅设教学部、教科室、德育部、综合事务部等部门，负责人身兼数职；办公条件受限，全校教师拥挤在一个教室改造的办公室，教师工作量极大，付出与报酬极度不平衡。在这种拮据的条件下，学校采取一系列措施，强化管理。

1. 全面深化改革

我校切实做到动真格、破成规、闯新路的改革，明确改什么、如何改，切实解决那些不敢改、不想改、不会改的问题。学校率先在宜良推行教师“坐班制”，让教师有了更充裕的备课时间和更多的机会与学生接触。学校处理好改革过程中的两个关系，包括学校和部门的关系、学校中层与师生的关系、改革与被改革的关系。明确全面深化改革的任务与目标，踏踏实实地做好教育教学工作，走好群众路线，调动师生参与热情，疏通参与渠道、健全参与机制。

2. 抓实党风廉政

贯彻落实上级关于党风廉政建设的部署和要求，明确责任目标，并组织实施。召开“党风廉政建设暨师德师风建设”专题组织生活会，结合学校实际和日常的教育教学常规工作，进一步交流思想、查找不足、制定措施、改进作风。班子根据党风廉政建设暨师德师风要求逐一对照检查，认真查出存在的问题，严肃开展批评与自我批评。多形式、多层次、全方位地开展思想道德教育、普法教育、规章制度教育，大力推进廉洁文化进校园。

3. 强化教育管理

我校近三年来取得可喜的成绩，在很大程度上归功于教学管理工作的有序开展，落实教育管理全流程，抓好细节，注重班子队伍建设，强化研讨学习，促进教师队伍发展，加强教师职业道德建设，加强德育工作，积极引导广大教师确立“敬业博学、律己开拓”的教风；改革管理观念，制定可操作易执行的科学管理制度，提升管理效率。

4. 注重教师管理

教师管理服务是学校管理的先导。我校形成以制度管理服务人，以理服人；以人文管理服务人，关心教师，安排工作、处理事务坚持平等原则，打造融洽的同事关系；以激励管理服务人，适时励人，把握时机调动人的积极性；以人格管理服务人，不断学习，提高个人素质，处处以身作则，身体力行，起好表率作用。

5. 抓好其他各项工作

坚持平台建设，提升服务能力。打造学校名片，我校始终在做优、做好、做强平台建设上下功夫，为学校的高质量发展注入了强大动力。例如，做优化校园环境，结合实情把学校建设成小而精、小而美、功能设施完善的花园式学校；做好党校建设，增强“四个意识”，坚定“四个自信”，激活“两个带来”，落实“四进行动”，形成“勤、英、竞、诚”的办学特色，打造精品示范学校。

四、聚焦引领辐射，用心带动区域教育

1. 突出名校长基地辐射引领

校长是学校发展的灵魂，学校是校长成长的沃土，实现“一位好校长成就一所好学校”的目标。2022年8月，在县委、县政府、教体局及领导的关心下成立了宜良罗绍平名校长培养基地，紧密结合县域学校发展中的关键环节和教师关注的热点问题，坚持岗位培养，有针对性地开展灵活、丰富的培训工作，及时解决实际问题的方法和策略，通过系列化、专题性的培训切实推动学校的各项工作，让名校长基地学员在岗位上锻炼，在经历中体验。另外，采取分层培养与重点突破兼顾，构建“全覆盖、分层次、有重点”的工作机制，针对不同岗位确定培养目标，着眼长远发展，在校长队伍建设上，力求在战略思考与实践转化上有所提升；着眼梯队建设，在校级副职培养上，力求在把握全局与有效落实上有所提升；着眼日常工作，在中层干部队伍建设上，力求在规范管理与研究指导上有所提升。将校长的培养作为干部队伍建设的重中之重，关注需求，强化实践，构建“双主互动”的运行模式。在需求中促进自主发展，激发学员主体意识；在引领提升中促进实践转化，促进学校的发展。

2. 做好下乡助教工作辐射引领

乡村振兴靠人才，人才培养靠教育。振兴乡村教育既是乡村振兴战略的重要支点，又是新时代建设教育强国的牢固基石。为提升服务乡村教育的质量和水平，我校首先提升行动自觉，增强服务乡村的主动意识，不断完善学校参与和服务乡村教育振兴的工作机制，实现常态化、动态化帮扶。

3. 加强教师专业发展辐射引领

教师是人类灵魂的工程师，是人类文明的传承者。学校要求每个教师都要珍惜这份光荣，爱惜这份职业，严格要求自己，不断完善自己，成为有理想信念、道德情操、扎实知识、仁爱之心的好教师，以人格魅力呵护学生心灵，以学术造诣开启学生智慧，为国家培养更多栋梁之材。

五、温情守护学生，用爱促进全面进步

1. 促进学生身心健康

我校认真贯彻落实中小学生作业、睡眠、手机、读物、体质“五项管理”，它是全面贯彻党的教育方针、落实立德树人根本任务的重要载体，是确保“双减”落地见效、促进学生身心健康发展的实际行动。我校根据宜良县政府纠风办及教体局集中整改的要求，实行整改责任制，建立师德师风整改小组，严禁对学生布置负担过重的作业、严禁教师在校内外对任教班级学生进行有偿家教等，切实维护学生身心健康。

2. 提升学生学业能力

我校要求教师帮助学生树立正确的学习动机和良好的学习品质，以达到目标为定向而不是以完成任务为定向，促进学生自主感和主动感的发展，满足学生归属感的需要等。此外，还要培养学生的社交能力，帮助学生跳出自己固定的人际交往圈。

3. 提供学生生活服务

生活服务是学校教育教学工作物质上的根本保证，对整个工作的顺利

开展起着至关重要的作用。我校结合实际制定严格规章制度，自觉服务学生生活；积极开拓创新工作内容，如设监督组、投诉箱收集学生合理化意见和建议，及时制定最优解决方案。我校还积极展开各类课后服务工作，由综合事务部牵头，学生代表或者学生会根据学生建议或意见，制定各种可行性方案，真正做到管理制度科学化、工作流程规范化、具体审核精细化、校园建设人文化。我校提高食堂、小卖部服务人员的综合素质，身体力行，以高尚的品德和行为方式感召学生，教育学生做品学兼优的人。

总之，做教育不需太多花言巧语，真付出、踏实地、讲策略，坚信“以爱育爱，以情育情”“爱人者人恒爱之”，为他人设想，善待他人，就是教育的归宿。

深挖细思，潜心育人

——科学运用身边的教育教学资源

昆明市西山区海口建磷中心学校副校长　何林元

“每个人身上都有太阳，主要是如何让它发光。”苏格拉底的话昭示着我们每一位教师在学生成长过程中的关键作用。当下，教师的舞台依然是课堂。好的课堂应该首先是学生喜欢并大有教益的，如何在课堂教学过程中科学地运用教育教学资源是我们的课堂是否成功的关键。在日常教育教学活动中，我进行了以下尝试。

一、巧妙运用学生、教师等人力资源

1. 充分发挥教学活动中人的属性特点

教育学首先是人学，教育教学活动一定要首先尊重人、研究人。学生是学习活动的主体，教师是教学活动的组织者、指导者，所以课堂教学过程中应巧妙运用学生自身和教师等人力资源。比如，我们要培养学生的自主、合作、探究的精神，那就必须让学生亲自参与、体验与感悟，准备一张报纸让学生分小组合作，比一比哪个小组站的人最多。教学内容活动化，学生在教师的组织下体悟的内容自然有感而发、有话可说。教师结合自身的实际也参与到学习活动中，大家共同分享交流、聚智启思，使学生不但达到了学习要求，还“学然后知不足”激发更深层次的学习欲求。“知不足，然后能自反也”，充分利用学生资源促进学生自育能力的提高，引导其逐步走向自尊、自信、自律和自主。

2. 同学之间互为资源、互为支撑

比如，我经常和学生交流“大家经历了线上教学，在家里也可以学习，为什么还要来学校？”，学生说“因为学校有伙伴可以一起玩”“对的，一起玩的同时一起学！”，这就是同伴互助，这就是班级和学校存在的价值。夸美纽斯强调，“把一个学生作为另一个学生的榜样与刺激是可以产生更好的结果与更多的快乐的”。我在教学中鼓励成绩不太好的学生找班上一名成绩较好的学生“拜其为师”，成绩较好的学生通过教自己的“徒弟”会反复强化已经习得的知识，成绩会越来越好；成绩不太好的学生通过“师傅”的教导后也可以成为其他人的“师傅”，长此以往，良性循环，取得了很好的效果。

3. 利用好教师自身的诸多特长

我们都深知“教学相长”的道理，教师自身资源的充分利用既可以让学生亲师信道，又能很好地促进教师自身的专业成长。近年兴起的翻转课堂、微课等新型教学模式要求教师敢于打破常规，最大化地利用自身资源。教师不但要能“传道、授业、解惑”，而且要能示范、激思、启智……教师要熟练运用现代信息技术手段，持续提高教学效益。比如，我们的一位青年教师在阐述中国文化的特点时，以自己名字的由来导入，进而通过中国的百家姓引发在场的每一位学生探究自己名字的由来，从而切身体味中国文化的源远流长、博大精深。深入浅出、循循善诱的教学过程最大程度地渲染了教师充分利用自身资源的适切性。

4. 学校管理者要善于发现校内的人力资源优势

近几年，中小学校本课程的兴趣需要教师充分挖掘自身的特长为教育教学活动助力。如果要让我们的学校重新焕发生机，成为学生成长的乐园，那我们的学校管理者就必须深挖学校资源，找到吸引学生的突破点，重构我们心中的理想校园。我所在的学校地处农村工矿区，从2019年起开始组织学生社团活动，背景是近年来优秀生源大量流失，学校班子研究后觉得现行的课程设置过于呆板，缺乏学生感兴趣的校本课程。但教师们的任务紧张，也没有接受过系统的培训，无法开设正式的校本课程。经过大家讨论后，决定以学生的兴趣为导向，开设兴趣班或者社团活动。万事开头难，起初的兴趣班主要是在每周五学生放学后自己选择参加书法、绘画、羽毛球、象棋等社团。一学期下来，教师们叫苦连天，因为吃力不讨好，还没有回报。经过总结，学校决定进一步细化社团活动开展形式，同时将参与辅导的教师工作纳入绩效考核，在每学期的绩效考核中统计工作量。学校德育处进行设计后开设了近二十个兴趣班供学生选择，班主任之间互相协调、调剂。一学期下来，教师们积累了大量的课程资源，两到三个教师合作可以形成一个系统的方案。学生反应也不错，让大家在学习之余找到了自己的兴趣。由于我们的生源主要是外来务工子女，因为学校兴趣班的开设让孩子不出学校、不花一分钱就“多学了一项技能”，因此家长也很高兴。

“教师是最重要的课程资源”，每一个教师身上都有许多值得挖掘的资源，学校要为教师创造平台，让教师在做好本职工作的同时展现自己的才华，实现自己的职业价值。我们有一位来自西双版纳的老师，擅长葫芦丝，之前少有用武之地，自从学校开设兴趣班之后，她独立承担了一个兴趣班的教学工作，她甚至将每次课的讲义汇总在一起，同事们看后都觉得可以出一本葫芦丝教材了。

5. 师生互动，相得益彰

课堂教学过程中充分利用人力资源还表现为生生互动、师生互动，甚至是“师”与“生”角色的互换，最大可能地激发学生的潜能。“看待学生就是看待可能性！”如果我们敢于放权，学生的成长会让我们喜出望外。

二、合理运用学科交叉资源

1. 让学科融合渗透教育教学全过程

新课标强调学科间的相互融通和整合，培养全面发展的个性鲜明、人格健全的人。数理化使人逻辑缜密，政史地教人文质彬彬，每个人都是一个鲜活的生命，各有特点、各自精彩。在语文课上我们学了诸如“己所不欲，勿施于人”的道理，而这一道理与道德与法治课中“与人为善”的道德要求不谋而合；数学课上我们知道祖冲之、陈景润为中国数学发展做出的贡献，而历史课上，怎样反思和改革我们的教育制度也是大家长期探讨的话题。在实际教学过程中，如果我们能沉下心来，多思考自己学科与其他学科的交叉点并应用、反思，“你中有我，我中有你”，使学科间互相整合、渗透。

2. 学科交叉促进人的顿悟和成长

有伟大贡献的科学家大多是融合了多学科知识而取得卓越成就的。从苏格拉底到柏拉图，再到亚里士多德，他们为西方文明的繁盛贡献了力量，激励我们敢于质疑、勇于探索、勤于思考，尊重自然、尊重规律、尊重人性……历经多年的钱学森之问：“为什么我们的学校总是培养不出杰出人才？”启示我们学科间交叉资源的合理利用具有重要的价值。我们应该重视学科间交叉资源的整合运用，切忌把各门学科割裂开。新的高考改革动向正说明我们未来的教育要培养全面发展而有个性的人。

三、最大限度利用教室、学校设施等空间资源

1. 教师要鼓励学生在课堂上动静结合

学生由于生活圈子、学习任务等原因，平时接触的事物相对较少。著名教育家陶行知说“生活即教育”，在我们周遭的环境中，时时、处处皆可成为教学资源。在近些年盛行的高效教学理论中，大多强调学生在课堂活动中要看、听、讲、想、做，而且一堂课要动静转换，大动与小动交叉进行。比

如，我们组织小组活动的时候，学生将经过讨论得出的成果写在展示卡上，如果我们指导学生将自己小组的展示卡粘贴在教室的适当位置，然后请其他小组的同学质疑，最后再由教师点评，把教室变成学生博学明辨、慎思激趣的乐园。这样一来，不但充分利用了教室空间资源，而且让学生直观、真切地感受、体验，让学生的自信心、自尊心、自育心都得到了增强。

2. 学校管理者要尤其重视文化育人

在校园里面，我们有文化的学校“让每一堵墙”都会说话，比如，怎么来理解践行“爱国、敬业、诚信、友善”，如果学生每天都在耳濡目染中感受、体验这些精神，我们在课堂上引用、列举自己身边的实例做到了有据可查、有物可看，教益效用是显而易见的。“橘生淮南则为橘，生于淮北则为枳”，不同学校的学生或多或少都彰显着一定的校园文化，教室、学校设施等空间资源的运用对我们的教育教学工作大有裨益。

四、大胆运用生活中的媒介资源

1. 顺应时代潮流，巧妙运用网络资源

现在的学生不再是循规蹈矩的知识接受者，他们也许拥有更为宽广的知识面，正所谓“弟子不必不如师，师不必贤于弟子”。我在家乡上初中的时候，因为地处边远，信息闭塞，班主任老师每个周末晚上会专门预留半个小时左右的时间给我们讲外面的世界，从县城到州府，再到省城，听得同学目瞪口呆，甚至屏住呼吸，因为老师讲的事情，我们听所未听、闻所未闻，在他的引领下，我们大开眼界。而今，自己也身为人师，却看惯了学生的不屑和无视，因为很多学生用的网络词汇，教师根本不知道。现代网络技术的发展已经促使当下的教师转变教育教学观念，必须紧跟时代的发展，找准课堂教学与时俱进的切入点。经过思考，我尝试了一些新方法，收到了不错的效果。比如，我们可以在每节课正式开课前组织一名学生展示一个与学科相关的“最新新闻”，称为“课前新闻观察”或者“新闻早餐”等，鼓励学生把周遭的学习资源作为教学资源与大家共同分享，在交流、合作、探讨中生成价值，引导学生关注社会，有世界眼光，有家国情怀。

2. 拥抱新科技，与信息化同频共振

面对数字技术的发展，作为人民教师应该及时更新观念，只有教师的观念新了，学生的思想才能跟上时代发展的步伐，才能适应社会各领域发展对人才的需求。故而，学校、教师要加强供给和改革，在正确研判时代形势的前提下，精准施策，找准定位，为学生的健康成长筑基，为学生的幸福生活筑基。未来的社会必然是信息化的社会，信息化不止是一种手段，更是一种生活，它改变了我们的生活方式，也必将改变我们的思维方式。作为教育工作者，我们不但要紧紧拥抱新科技，更要利用高科技来激发人、培养人和教育人。教师一定要拥抱新科技，充分运用媒介资源来助力教学，这是未来教育发展的题中之义。

五、整合运用家庭资源、社区资源

1. 班级即家庭，学校即社会

每一个人都不可能脱离社会而存在，所以需要不断改进我们的教育、改造我们的学校，值得欣慰的是越来越多的学校管理者看到了学校与社会发展的密切关系，看到了教育与生活的不可分割。所以，通过一些推手建立健全学校必需的设施，尤其是小学阶段的实验室，如科学室、音乐室等，让学生不再从小学一年级就困于“理论”的枷锁。近年来，劳动教育逐渐深入人心，许多地方的城区学校也开始有了自己的“田地”，让学生在学校就能“看得见田、见得到菜”。除此之外，家庭不但要成为学生生活的中心、心灵的港湾，更要成为孩子学习的主场。

2. 建立学校、社区学习共同体

一个学校要持续向好，就必须建立学校、社区学习共同体。在学习共同体里成长进步的不止是学生，还有教师，以及利益相关方的学生家长。

学生、教师、家长、社区成员间融洽的人际关系既为学校用心做教育提供了良好的外部环境，又为学校育人成效的提升奠定了稳固坚实的基础。学校要开放办学、高质量办学，必须寻得社区、家长的支持，如何处理好校内、校外的各种关系，对新时代校长能力提出了前所未有的要求。一般情况下，我们每一所学校都同时承担着“家长学校”“社区学校”的职责，只有学生家长、社区相关方与学校达成理念共识，才能让学校的生长朝着积极的方向不断推进。

“捧着一颗心来，不带半根草去。”只要我们用心，身边可用的教育教学资源不胜枚举、比比皆是，身边教育教学资源的科学运用能为我们的课堂增色，为我们的教育增光。

打造特色党建品牌，助推学校内涵发展

——以富民县第一中学“黉学芯燃　映照黎阳”党建品牌创建为例

富民县第一中学党总支书记　刘丽琴

好的教育在于培养“站立”的人，在于把人的本质引申出来，进而使人获得尽可能全面、充分、自由的发展；好的学校，在于始终不断推动高质量的内涵式发展，办成全式的教育，尽可能地成全每一名教师自我价值的实现与再追求，成全每一个学生对更高生活品质和更广阔天地的追求，成全每一个家庭对幸福生活的追求，最终实现“为党育人，为国育才”的远大目标。

习近平总书记在全国教育大会上强调：“加强党对教育工作的全面领导，是办好教育的根本保证。”唯有高质量的党建引领，才能推动一所学校的内涵式发展。

内涵式发展，意味着结构优化、质量提高、实力增强，意味着均衡，意味着特色，意味着能给予学生一个完整幸福的教育生活。笔者立足县城中学的实际情况，立足于学校文化背景及区域责任与担当，对学校发展的现状和困境进行了一定的分析，对打造党建品牌的重要意义及推动学校内涵发展的要求做了浅略的思考，结合学校富民县第一中学特色党建品牌的创建，阐述了党建品牌助推学校内涵发展的具体运用及实践效果。

一、明晰县城中学发展困境，找准突破关键点

近年来，城市发展虹吸效应、人民群众对优质教育资源的期盼带来的教育移民、名校办学规模的扩大、民办学校良好待遇对优秀教师的吸引等问题，极大地冲击着县城中学的发展，影响办学质量，尤其是底子相对薄弱的学校。

从国家教育发展情况调查来看，县城中学在推进教育高质量发展和乡村振兴战略中承担着重要使命，是城乡教育的纽带，寄托着广大农村学生对接受更好教育的美好期盼。可以说，县城中学办得好不好，直接影响县城基础教育发展水平。但保障之困、条件之困、师资之困、生源之困已成为县中发展突破的道道拦路虎，部分县城中学甚至在发展困境中找不到方向。

在很多县城中学里，时间的投入是最直观的表象，大量教师披星戴月，脚步越来越快，笑容越来越少，“苦干+实干”成了不二法宝，甚至以教师的无限透支作为保障。但是，耗尽时间的苦干，带来的依然是焦虑和不信任，反复、恶性的循环……可以说县城中学已成为我国普通高中教育发展的突出短板。

以笔者所处学校的发展现状来看，多年来，教育教学质量横向比较与纵向比较均有增长，多次荣获教学质量进步奖，但离人民群众的期望依然有较大的差距，大量优质生源的流失，更是让学校在教育教学质量的提升上困难重重，县中困境体现得尤为明显。

一是教师年龄结构不合理。254名教职工平均年龄达到48岁，50岁以上者超过100名，更因长期负荷，多名教师身患重病，导致教学工作安排常处于捉襟见肘的状态，加之教师补充不足，导致教师年龄断层。

二是教师学科配套不合理。部分学科长期得不到教师补给，教学任务过重，导致教师完成教学任务就已经非常费力，没有更多时间思考教研，思考新课改、新课程，尤其面对2020年统编版的新教材使用，更是让大部分教师

感觉无从下手。

三是长期教学环境的相对封闭和教师老龄化问题的突出，导致部分教师在新的教学理念、思想、方式的接受上有抵触，而经验教学已不能较好地符合新时代教育的要求。

四是大量优质生源外流，尤其是距离昆明过近，学生到昆明入学方便，加之大量名校引进或是扩大办学规模，良好的办学条件、优异的学习环境以及名校长长期的品牌效应的吸引，大量中考成绩靠前的学生选择到昆明就读。

五是师生缺乏斗志，尤其是教学质量连续两年不如预期效果，“无用论”“放弃论”等一些消极思想在部分教师中传递，低气压云团没有得到及时消除，甚至极个别教师把这种不良情绪带到了学生中间，造成更为严重的后果。加之激励措施不到位，难以调动师生的积极性。

……

教师苦于付出与回报不成正比，学校苦于连续突破不利，主管部门苦于教学质量受社会诟病……而县城中学承担着大量农村学子通过读书奔向广阔天地，追求更有质量的幸福人生的责任，同时，“为党育人，为国育才”的使命与城市中学相比并没有不同，在此情况之下，认真思考明晰学校发展的短板及困境，明确学校的发展定位及区域担当，找到教育发展突破的着力点，推动学校由内而外的自我更新和改革，便是学校必须肩负起的责任。

连续几年，富民县第一中学做了多种尝试，从艺体特长教育的发展、校园文化的建设修缮、德育“八个一”系统的探索与实践，到网络课程资源的尝试与运用……效果暂时未达到预期，但在反复的尝试与不断地自我推进下，学校由上到下形成了一种观念——一所学校唯有坚持走内涵发展的道路，才能实现学校教育教学质量的持续提升；一所学校只有找到适合自己校情的道路，才能实现均衡高质量的发展。

尤其是仔细审视存在的困境，不难发现，人是关键因素。打造一支业务精湛、师德高尚的教师队伍是学校发展的切入口，更是学校党组织必须承担起来的责任与使命。于是，在学校追求高质量、有内涵的发展过程中，必须牢牢把握住一个方向——党建引领。

二、坚持高质量党建引领，助推学校突围提质

党建抓得好，教育就有魂，发展就有方向，学校就有精气神。只有不断强化党建引领，高标准抓好党建与学校工作的深度融合，才能不断丰富学校的文化内涵，才能真正激发广大教师的活力，才能借助“红色能量”激发教育发展的新动力，才能将规划与蓝图变成进度表与路线图，才能在“努力让每个孩子都能享有公平而有质量的教育”道路上行稳致远。

把党的组织内嵌到学校管理的各个层面，把党的领导融入学校工作的各个环节，以“求真务实勠力同心”的态势，抓好学校党建工作，打造优质而富有特色的党建品牌，培养优秀的教师队伍，引领学校突破困境，追求高质量的发展。

基于以上的思考，富民县第一中学党总支深入贯彻落实党的十九大精神和习近平总书记强调的“加强党对教育工作的全面领导是办好教育的根本保证”精神，把抓好学校党建工作作为办学治校的基本功，把党的教育方针全面贯彻到学校工作各方面，创新开展党建系列活动，全面推进学校党支部的政治、思想、组织、作风、纪律和制度建设，推动学校全面发展，在夯实稳固基础的前提下，立足学校办学至今始终延续的“黉学精神”，创设“黉学讲坛”，开设“黉德”“黉智”“黉健”“黉美”“黉劳”课程，继承传统，立足创新，将传统文化与“五育并举”有机结合。

在上下一心的通力合作中，学校和谐稳定的形式得到很好的巩固，特色发展的优势慢慢显露出来，同时，在党建工作与学校中心工作的融合推进中，凝聚人心、明晰方向的党建品牌也在逐渐地挖掘打造中。

三、确立重点凸显党建特色，打造品牌助推内涵发展

党的十九大之后要求严把基层党建“质量关”，切实抓牢抓好基层党组织标准化、规范化建设，学校作为社会培人育人的重要载体，党建工作显得格外重要。打造学校党建品牌，助推教育科学发展，这是新形势下提高党建工作科学化水平提出的新要求，是巩固创先争优成果，建立长效机制的有效途径。

立足学校发展现状和区域责任，富民县第一中学始终坚持“围绕中心抓党建，抓好党建促教育”的工作思路，努力找准学校党建与教育教学的结合点，不断强化学校党组织的政治功能和党员教师的先锋模范作用。围绕学校中心工作，党建工作在不同的阶段确定了工作的核心点。

1. 促和谐，建共美黉学

和谐校园的创建始终是学校党建工作的一个核心要点，尤其是2014—2016年，学校恢复初中办学，学生的增加、教师构成的复杂性、老校编制的问题和职称困难，以及办学模式的变化，让稳定和谐成为这一阶段党建工作的重中之重。

这个阶段，党总支审视学校发展情况，迅速调整工作思路，在抓组织建设，夯实堡垒作用的同时，主抓“教师与教师的稳定融合”“学生与学生的稳定融合”“办学方式、办学目标的融合”三方面工作，有力有效地促进学校改革的稳定融合。

2. 审压力，寻突破

稳定融合后，我校党政经过慎重分析、梳理，正视一所老学校的内外压力，找准发展突破的撬动口，努力完成自我的改革与完善，紧紧跟上社会发展的形式，更好地承担起社会职能。学校党组织调整工作思路，全面融入教育教学工作。

（1）提升校园活力，重视特色校园的创建

首先，学校党总支以党建工作为引领，将学校党组织活动与德育教育紧密结合，与校园文化建设紧密结合，创新德育教育模式，有力提升了德育工作成效。

目前，我校德育工程已形成“八个一”系统：每日一歌，让歌声响起来；每周一读，让书声朗起来；每周一扫，让校园净起来；每月一赛，让能力突出来；每月一比，让班级齐起来；每年一走，让步子迈起来；每年一评，让优秀显出来；每天一查，让规矩立起来。

其次，做好工青妇工作的引领和指导，开展丰富多彩的校园活动，提升校园活力。职工之家的建设，年级组的打造以及工会活动的探索，让我校教职工对学校有了归属感，乐于奉献、兢兢业业的职工比比皆是；抓好团队学生会工作，以活动为抓手，在抓好常规活动的基础上，举办特色活动，同时大力支持学生会工作，越来越多深受学生喜爱的社团纷纷诞生，培养了学生的特长和兴趣，更为学校挣来了荣誉。

在此基础上，重视特色校园的创建工作，以创建反哺学校发展，以创建反观学校建设的不足。

（2）多举措精准培优，多手段提升教育教学质量，抓实抓好党建工程与教育教学质量提升的融合

① 做好领头羊。由校党总支书记带头，学校班子成员深入年级，部分支部书记直接担任年级组长，部分支部委员担任教研组长、备课组长，总支委员挂钩年级，支部委员挂钩班级，党员同志联系学生……层层压实，步步筹划，真正让党建与教学深度融合，让党员的先锋模范作用不断显现。

② 贴近教学抓强队伍。党总支深入推进“云岭红烛·育人先锋”创建活动，注重多举措锻造党员教师队伍，党员教师带头结对帮扶、争做学科带头人、带头钻研教学，带动整个教师队伍教育教学水平提升。

一是深入开展“三亮三比”活动，党员教师“亮身份、亮职责、亮承

诺，比技能、比作风、比业绩”。

二是做好三培养工作，实行“师徒结对子”，抓实“青蓝工程”，每位党员名师及骨干教师分别带一名“徒弟”，党组织指派培养人，大力开展教学练兵等活动，多年来，培养出了一大批年轻的优秀教师。

三是党员带头做“学者型”“研究型”教师，学校现有两个县级名师工作室，一个校级班主任工作室，三位主持人均为党员。

③ 立足学生实际，探索学生圆梦途径。学校党组织牵头，通过学情分析、学校区域位置分析，学校探索升学“多条腿”走路的途径，通过高职单招的宣传落实、艺体生的大力培养、日语教学引入，以及网络资源等的有益补充，帮助更多农村孩子圆大学梦，一批批黎阳学子沿着螳螂川拔锚远行，奔赴更广阔的天地。

（3）办家长学校，促家校合作，齐心协力共护孩子圆梦

构建家、校、社会三合一共建系统，办好家长学校，家校共建效果明显，学校的办学理念、管理办法等得到家长的高度认同，同时，在家长的大力支持下，我校的教育教学质量提升明显。在整个共建过程中，学校党组织始终充分发挥指导引领作用，党总支书记总体策划安排，每场讲座必讲，各支部书记深入年级和班级，做好教师与家长的沟通指导工作，以此促进学校教育的良性发展，为更多孩子顺利升学、健康成长提供更好的环境。

（4）稳步提升抓特色，提炼锻造树品牌

2021年，依据学校发展变化以及党组织的建设基础和工作思路，学校创新构建了“黉学芯燃，映照黎阳”的党建品牌，并结合习近平总书记所提出的“培根铸魂，启智润心”教育方式及教育内容的要求，将党建工作与学校工作全面融合，依据各支部的组成基础和学科特色，将四个在职支部命名为“黉润”“黉启”“黉培”“黉铸”支部，把离退休支部命名为“黉银支部”。

学校党总支以“黉学芯燃　映照黎阳”为特色打造特色品牌，取“芯”

之“中心”及“点燃、照亮”之意，目标直指学校党组织的内生自强，以强大的意志完成自我更新、改革，成为学校各项工作的领导力量，同时强调学校教育的服务职能、党员教师的奉献与担当精神，厚植“黉学情”，强化“黉学心”，不忘初心，牢记使命，手捧红心跟党走。

“映照黎阳”，立足于学校的区域位置和办学条件，立足学校区域服务功能，引领“三成全式”教育的有序推进，为黎阳（富民）教育的发展贡献力量。一是尽可能地成全每一名教师自我价值的实现与再追求，注重多举措锻造党员教师队伍，以一支优异的教师队伍成为学校教育教学发展的引领力量。二是引领特色教育、分层次教育的有力推进，成全每一个孩子对更高生活品质和更广阔天地的追求。三是引领学校成为一方人的求知求学之地，尽力成全每一个家庭对幸福生活的追求。

在党总支品牌构建及逻辑体系的架构基础上，以黉学之“黉”谐音字“虹”，生发出七彩虹的概念，且与主题“阳”相呼应，在“黉学芯燃，映照黎阳”的党建品牌下，提出“七彩虹”的建设内容。以“七色虹行动”为项目主题，创建服务型党组织、学习型党组织，以“七色虹”行动做载体，以“红、橙、黄、绿、蓝、青、紫”为区分，分别从“师德、先锋、共建、成长、学习、规范、责任”七大内容加强党员管理，并拓展到学生队伍的建设，培根铸魂，启智润心，力争让每一个学生的眼睛里都能闪烁着“光”，把“党建+”思维贯穿学校发展始终，与学校中心工作、群众需要、党组织日常工作点面三融合创新党建工作，让党建护航学生健康成长、学校可持续发展，“共美黉学”逐渐成为全校师生耳熟能详的概念，并得到认同，在此基础上由本校教师作词作曲的校歌《黉学颂》唱响校园，激荡人心。

四、品牌引领定思路，齐心共议找准发力点

品牌的创建和完善，是学校党建工作质量提升的标志，更是学校未来发展的规划与引领，蓝图已绘就，更重要的是落实，尤其是有目标、有步骤、

有方法、分阶段地推进落实。找准现阶段最需要突破的困境，最需要解决的困难，撬动学校改革的“悄悄实行”，更需学校党组织认真思考。立足党建品牌创建过程中聚焦的热点和学校发展困境，学校党总支制定了三年发展规划，就学校发展困境中“如何激发教师队伍内生动力”“如何培养健康阳光的学生”“如何实现多条腿走路，拓宽学生升学途径”三个棘手问题进行了深入的思考并予以探索实施，巩固“七色虹”行动成果。

1. 立足德育工程，师生齐塑培根铸魂

立德树人是教育的根本任务。学校党总支用党的理论和优秀传统文化武装教师、教育学生，塑造“有德之师”，培育“有德之人”。

立足师德师风建设，强化榜样引领，逐步形成人人争做师德楷模的良好风气。学校党总支充分发挥党员榜样引领作用，激发教师的责任意识、服务意识和奉献精神，挖掘他们教书育人的内动力。实施最美班主任、身边的好老师、“四有”好老师、师德标兵、优秀党员等评选活动，用榜样的力量来激励每一位教师争做师德楷模，同时充分利用学校宣传栏、“校园之声”广播台、“黉学”微信公众号等平台，大力宣传榜样典型，编写《我的教育故事》《我与黉学的故事》等册子，让榜样的力量、学校的教育痕迹成为可见、可读、可说的文字，激发教职工的自豪感。在每一个评选过程和宣讲活动中，力争做到全覆盖，不管是一线还是后勤，不管是年轻还是年长，都能接收到被鼓舞、被激发的力量。

立足学生德智体美劳全面发展要求，实施润德工程，为学生的生活和学习提供动力支持，助其养成良好的生活习惯、学习习惯和品行。学校持续推进并巩固德育“八个一”系统成果，围绕社会主义核心价值观，以感恩教育为切入点，抓住传统节日、重大事件纪念日等时机，加强活动载体建设，课程化开展德育活动；加强爱党爱国、理想信念、劳动教育、传统文化教育，通过成人礼、祭孔大典、文化艺术节、体育赛事、校外志愿服务、经典诵读等活动，锻炼学生外在体魄，涵养学生内在品质，将爱国主义教育、红色基因传承融入教育教学全过程，为学生终身发展奠定基础。

2. 强抓主责主业，再塑教师职业幸福感

教师强则学校强；教师的业务素质能力强，则学校的改革提升步伐就快。只有拥有一支师德高尚、业务精湛的教师队伍，学校的内涵式发展才真正有了最核心的力量，尤其是发展薄弱、教师老龄化严重的县区中学，激活教师的内生驱动力，唤醒并培养教师的职业幸福感和成就感，推动教师自发自觉地提升教育教学水平，一定是学校很长一段时间内最重要的任务。

聚焦教师团队建设，以党建品牌建设引领专业化教师队伍打造。独行快，众行远，当前教育发展形势，唯有抱团取暖、互助偕行方能聚集星火力量，进而形成学校发展中最强大的力量。基于此，学校党总支在夯实组织建设的基础上，积极探索党员教育、管理、服务的新机制、新方法和新举措，将党支部建在学科、年级上；健全“双培养”机制，将优秀教师吸纳到党组织中来，既壮大了党员队伍，又增强了党组织的向心力；全面加强党的领导和党的建设，定期对总支下属的支部委员进行培训，不断提高党员干部的理论水平、综合素质和工作能力，增强党组织的号召力和战斗力；引导党员常问初心，常想来处，常思使命，以“黉学心”为引领，以“黉学情”为基础，以“黉学使命”为要求，召唤广大党员教师不忘初心，牢记使命，努力成为黉学建设新篇章的闪亮符号，兢兢业业扎根在三尺讲台，让黉学的烛光愈发明亮而灿烂。

聚焦团队建设，打造教师专业成长的平台。党政齐心，注重团队建设，全力打造六支队伍：中层干部管理团队、年级组管理团队、班级管理团队、年级备课组管理团队、教研组管理团队、青年教师管理团队，形成教师成长合力；实施“青蓝工程”，为青年教师搭建起成长的平台；依托校内班主任工作室，举办班主任成长论坛、班主任基本功竞赛，发挥党员学科带头人、骨干教师的示范引领和榜样带动作用，助力青年教师业务能力再提升；关注研训，让培训成为教职工的福利，“请进来”与“送出去”，同时借船出海，依托外来的优质帮扶资源，以培训唤醒，以共建激活，以成就感获得激发教师自我要求、自我发展、自我提升的欲望。

3. 探索特色发展路径，拓宽学生成长“出口”

本着“为每名学生负责、为每个家庭负责、办人民满意教育”的原则，党政共议，确立了“立德树人、多元成才”的育人目标，实施因材施教、分层次教学、特长发展等策略，落实“一主两翼”育人方略，高考为主，特长发展和高职单招为辅，搭建学生成才的“立交桥”，为每名学生铺设了适合的发展轨道，建设共美黉学。

学校属于典型的薄弱县城中学，超过百分之八十的学生来自农村，六成以上学生家住山区或半山区，加之作为公办学校，承担着辖区内义务教育保障和确保高中入学率达标的重要任务，接纳大部分学习力发展相对滞后的学生入学，同时和其他大多数处于困境中的县城中学一样，承受着多方面的压力。为了让大量的学生能进入更高学府学习，接受更好的教育，党政合力，寻找拓宽学生成长“出口”的路径。一是充分爱护学生的自尊心，尊重每个学生的个体差异，在教育活动的各个实践环节中，尽力让每个学生的个性、特长和潜能得到最大限度地发挥与挖掘，从而更好地激发学生的创造意识和探究精神。二是在普通高中教育的基础上，大力发掘学生艺体特长，引入校外培训资源，为学生免费开设特长课堂。三是通过家校沟通和宣讲活动，宣传职业教育和高职单招政策，帮助学生做好生涯规划和职业发展计划，逐步消除学生和家长的“名校倾向”意识，树立正确的职业观。四是引入日语教育，帮助英语学习困难的学生找到另一种成功的可能。五是引入优质学习资源平台，在数学、英语、物理等大多数学生觉得吃力的学科上进行细致的学科分析和特色专练，帮助学生提升自我。

在红色党建的指引下，学校目前发展态势良好，为办学品质的进一步提升积蓄了一定的发展动力，未来的一段时间内，必将持续丰富党建品牌内涵，持续提升党建品牌质量，持续发挥党建品牌引领作用，持续推进各项工作再上新台阶。站在未来教育的门槛上，创造未来，让未来重新塑造我们！

“参天之木，必有其根；怀山之水，必有其源”，党的领导是办好人民满意教育的根本保证，每一级学校均应紧紧围绕“立德树人”这一根本目标，牢记“为谁培养人”这一任务，坚持党建引领学校发展，坚持党建与中心工作的全方位融合，持续推进党建工程向纵深发展，充分发挥党建文化的育人功能，努力将学校打造成充满正能量的神圣殿堂，锻造出政治强、情怀深、思维新、自律严、人格正、视野广的教师队伍，努力培养出中国特色社会主义的合格建设者和可靠接班人。

提升师生数字素养，促进教育优质发展

——数字化时代提升师生数字素养助力中小学教育优质发展

昆明市第一中学西山学校信息中心主任　潘雄刚

2022年11月，美国OpenAI研发的聊天机器人ChatGPT问世，作为人工智能驱动的新一代自然语言处理工具，因强大的语言理解和文本生成能力，一经问世便引起社会广泛关注。

2023年3月4日，《教育研究》杂志社和华东师范大学基础教育改革与发展研究所以双线混合的方式联合举办“ChatGPT与未来教育”沙龙，其间有来自人工智能、教育技术、教育学领域的二十余位专家围绕七大议题进行跨学科对话，其目的就在于探讨人工智能对话机器人给教育带来的影响。

2023年3月16日，百度全新一代知识增强大语言模型文心一言发布，也引发人工智能工具对中小学教育影响的热议。面对数字化时代这种能够与人对话互动，回答问题，协助创作，高效便捷地帮助人们获取信息、知识和灵感的AI工具的冲击，中小学阶段的学校、教师和学生应该做出怎样的调整，如何提升师生的数字素养来促进教育优质发展？这是我们基础教育工作者应该关注、思考并付诸行动的问题。

一、数字化时代，提升师生数字素养，适应未来教育新挑战

数字化时代，随着人工智能技术的不断发展，学校教育面临从未有过的严峻挑战，唯有不断提升师生数字素养，才能培育出适应未来社会发展、担负起振兴祖国的时代大任的时代新人。何为数字素养呢?

根据中央网信办的定义，数字素养与技能是指数字社会公民学习工作生活应具备的数字获取、制作、使用、评价、交互、分享、创新、安全保障、伦理道德等一系列素质与能力的集合。具体来看，数字素养包括数字意识、计算思维、数字化学习与创新、数字社会责任。

教育数字化是“数字中国”战略的重要组成部分，也是当下我国教育改革发展的重要主题。面对扑面而来的数字化浪潮，还有不少中小学学科教师存在认识不足的问题，认为数字信息技术只是一种传统教育教学的辅助和补充。数字信息技术与课堂教学全过程融合程度不够，表现为对数字工具和资源的应用较为表面化。因此，教师的教学观念亟待转变，数字应用水平有待提高。中小学生利用信息技术开展有效学习及解决问题的能力不强，其数字素养也亟待提升。

对今天的教育而言，提升中小学师生数字素养，用新技术赋能教育，促进学校快速优质发展，是数字化时代的大势所趋。通过专业化的学习、训练和教育，我们的教师和学生能够在数字化浪潮中拥有适应未来社会的巨大潜能，勇敢面对未来教育新挑战。

二、数字化时代，学校应为师生数字素养提升创造条件

提升师生数字素养，学校必然要依托物联网、云计算、大数据、人工智能等信息技术，打造物联化、智能化的教育生态智慧系统，为教师的教和学生的学提供数字化教育环境。

具体而言，首先，学校要根据自身的特点，从信息化基础设施建设入

手，比如，班级要有功能完善的班班通设备，教育专网要做到入校、入班，教室配备可监管学生考勤的电子班牌，配置有对学生学习行为进行分析的智能系统。

其次，学校要为师生创造全新的学习场景，包括多场景融合、线上线下互动以及校内校外线上融合等。

最后，将数字资源和AI工具融入具体的教学和管理场景中，利用教学中的生成数据促进教学和管理的优化，推动学校智慧教学和智能决策，促进技术与学校全业务和教学全流程的深度融合，推动教学智慧化转变，推动线上线下融合、校内校外线上融合的教学新常态，实现学校组织形态的变革和管理体制模式的优化。

提升师生数字素养，学校应积极做好教师和学生数字素养提升的课程设计与落实。就教师而言，学校应为其提供有针对性的数字化应用培训，将信息技术与各学科深度融合的研究与应用常态化，真正让新技术成为教师的好帮手，促进教育快速优质发展，落实立德树人根本任务。

就学生而言，学校按照新课程标准，积极开展义务教育阶段的信息科技课程，培养以学生为主体的“做中学”“用中学”“创中学”的新型学习方式。根据学校办学特色，积极开展科技创新课程，如算法与程序设计、智能机器人、无人机表演、3D打印及建模、人工智能系统和创客教育等，以培养学生的创新意识和创新思维。学校还可以通过开展科技节、科技周、科普月、参加省市区相关的科技展演、科学家进校园讲座、创新实践研学等活动，以活动为载体，让科学渗入课堂开展科普教育，为学生创新发展提供更广阔的平台，促进学生创新能力、实践能力的发展和科学精神的形成。

通过课程的设置和科技活动的开展，将数字意识、计算思维、数字化学习与创新、数字社会责任等核心素养融入学生的学习与生活实际，从而有效提升学生的数字素养，让学生具备适应未来教育的无限潜能，这也是学校育人的使命和担当。

三、数字化时代，教师应与时俱进，培育有创造与革新能力的建设者和接班人

为了深入贯彻落实党的二十大精神，扎实推进国家教育数字化战略行动，完善教育信息化标准体系，提升教师利用数字技术优化、创新和变革教育教学活动的意识和能力，教育部于2022年11月30日发布并实施的《教师数字素养》教育行业标准，用于对教师数字素养的培训与评价。

《教师数字素养》从数字化意识、数字技术知识与技能、数字化应用、数字社会责任以及专业发展五个维度描述了教师数字素养的要求，为数字时代未来卓越教师的素养发展提供了方向，对加快推进教育数字化转型具有重要意义。该标准不仅是教育数字化转型中建设高水平教师队伍的迫切要求，更是数字化时代建设高质量教育体系的战略需求。

《教师数字素养》的发布与实施，无疑给中小学教师敲响了警钟，我们不能再坚持以往的教育教学方式，一支粉笔打天下。都说教师的工作是教书育人，“教书”这样的事情，像以ChatGPT为代表的人工智能工具做起来更有优势，因为它拥有强大的数据库做支撑，有让教学故事生动化、阅读理解简单化、实时翻译准确化和问题反馈及时化等好处。

随着新技术的不断迭代，以后人工智能发展会更加智能，甚至还会拥有一定的智慧。我们的教师只有从现在做出改变，敢于突破，敢于尝试和应用，将新技术用好用活，为我们的教育教学服务，让人工智能系统辅助我们完成“教书”的环节，充分发挥AI优势，将知识传授的环节做得又快又好。

教师则把更多的精力投入“育人”环节，让师生对话变得更有针对性，更加人性化、个性化且富有创造力，体现高水平的因材施教，真正落实立德树人，培根铸魂。我们的学生才能在数字化时代站稳脚跟，乘风破浪，也才能在国际上具有核心竞争力。所以，我们的学生以后将会如何，全在于我们教师的引导。

就教师而言，如果教学还是像最初的方式一样，教师写板书，学生记笔记，为了应付考试而教，让学生为了完成任务而写作业，这种方式教育出来的学生迟早会被人工智能所取代，学校教育也会因此而丧失了教育的目的和意义。在一个技术无处不在的时代，技术不会淘汰教师，但是，善于使用技术的教师注定会淘汰那些不用技术的教师，这一点毋庸置疑。因此，我们的教师应该与时俱进，顺应时代潮流，活到老，学到老，勇于接受新技术，并能驾驭新技术为我们的教育教学赋能，促进学校教育优质发展。

具体而言，教师在学校、社会建设的智慧教育场域中，充分发挥好软硬件功能，比如，在教学中充分使用智能导学系统、智能学伴、智能评卷系统等人工智能教学工具来优化我们教师的课程设计、课前备课、课堂助教和作业测评，以解决教师重复劳动、繁杂劳动的问题，让教师把更多的时间和精力放在如何关注学生的健康成长上，放在如何挖掘学生潜能、如何培养学生个性化特点、如何培养学生创造力等方面，在师生对话中投入更多的人文关怀和情感沟通，才能更好地培养出极具创造与革新能力的社会主义建设者和接班人。

四、数字化时代，学生应当增强信息社会责任，驾驭新技术为自己的精彩人生赋能

数字化时代，拔尖创新人才成为科技发展和社会进步的重要推动力。科技发展靠人才，人才培养靠教育。中小学阶段是创新素养培育、夯实人才基础的关键时期。抓住学生创新意识、创新精神、创新思维和创造力培养的黄金期，增强学生信息安全意识和信息社会责任，逐步形成适应未来教育与未来社会的关键能力和必备素质，最终成为新时代的合格建设者和出色接班人，为自己的精彩人生赋能。

学习的目的不是记住一些数据和事实，而是学会思考和运用工具来放大我们的能力。人会使用工具是人类快速进步的原因，数字时代下的 ChatGPT

就是一种全新的知识工具，基于这样强大的人工智能工具来进行学习，我们的学生应该学得更好。

因此，就学生而言，在使用数字化工具时，要树立正确的价值观。学生应该把数字化工具当作智能学伴来辅助自己学习，学会妥善利用其解决学习中遇到的困难，而非直接用其代替自己思考，甚至利用它去完成作业或者考试。因此，在教学过程中赋能学生的数字能力发展，让学生具备数字化学习能力、信息安全意识和信息社会责任，应是学校、教师通过相应的课程设置和能力拓展让学生具备素养。同时，培养学生信息技术应用能力与跨学科整合能力，是提升中小学生数字素养与技能、增强中小学教育核心竞争力的重要抓手。

五、数字化时代，“学校、家庭、社会”同向发力，协同育人，促进中小学教育优质发展

随着大数据、云计算、物联网、3D打印、人工智能、虚拟现实等新兴数字技术在教育领域的深入应用，数字素养的内涵已经从单纯强调技术素养发展向重视综合素养或跨学科素养发展转变。数字时代，积极推进跨学科协同育人模式、加强信息技术课程与其他学科课程的有机融合、加强信息科技教师与其他学科教师的协同合作，共同促进师生数字素养的高效培育，助力中小学教育优质发展，为国家培养复合型人才、智慧型人才和创新型人才打好坚实的基础。

数字化时代，未来已来，只有学校、家庭、社会多位一体，同向发力，协同育人，为中小学教育注入更多活力、动力和智力，我们的教师和学生才能拥有更多迎接未来的勇气和底气，才能在数字素养的加持下，面对新时代的智能教育生态，坦然张开怀抱，与其合作与协作，最终驾驭新生技术来助力学校教育快速优质发展。

从爱而发生，因爱而美丽

昆明市晋宁区晋城第一小学校长　乔艳

“爱”，会意字，在字典中注释为：用行动表达由心发出的能量。

教育，是使人成为人的事业；教育，是充满爱的事业；教育，更是一路采撷、酝酿甜蜜的事业。

从新手教师到老教师，从少先队中队辅导员到大队总辅导员，从年级组长到校长，每一点成长和进步，不变的是我对教育的执着和深深的爱。于学校而言，一切教育都源于“爱”；于校长而言，我们因“爱”而美丽。

一、作为校长，我们要爱当教师——不忘初心，做专业的教育者

昆明师范学校——我的母校，教学楼上“学高为师　德高为范”八个大字，就是我们一代代“老昆师人”刻骨铭心的，也是母校赋予我们一切行动的准则。

当我们走上讲台，面对一张张稚嫩的脸庞，面对一双双求知的眼睛，聆听一句句稚嫩的问候，这是一种如水的温柔，会让你爱上这一切。享受课堂，和学生徜徉在爱与被爱的海洋里；沐浴阳光，和学生共度爱与被爱的校园时光，这应该就是我们作为校长最幸福的事。

教育是一个铸魂的事业，更是一个“良心活”。“一个好校长，就是一所好学校。”作为学校管理者的我们，只有本着那份爱的初心，才能坚定我们教育路上的步伐。

二、作为校长，我们要爱孩子——潜心育人，做孩子成长的陪伴者

我们的导师高富英校长常说：教育的目的在于促进人的全面发展、健康发展、可持续发展。立德树人，为党育人，为国育才，努力培养德智体美劳全面发展的建设者和接班人，努力办好人民满意的教育，这是每一个校长的责任、使命与担当。

学生作为我们的教育对象，在《小学教师专业标准》中，“学生为本”强调小学教师要尊重小学生的主体地位和平等权益，尊重和遵循小学生的年龄特点和身心发展规律，对小学生的身心健康和教育工作全面负责；坚持学生主体的教育理念，引导小学生积极、主动地参与学习；尊重、关注和热爱小学生，保护小学生的安全；将促进小学生快乐学习、健康成长作为教育教学的最终目标。

“学生为本”强调了学生的主体地位，要求教师尊重学生，关爱学生，充分发挥学生的主动性，为学生提供合适的教育，促进每个学生健康地发展。

在清华附小窦桂梅校长的眼中，好学校就是一所“苍穹下母亲都喜欢的学校”。于我而言，我想给学生的是可以“自由呼吸”的课堂；我们想办的是一所和学生“向阳而生，逐梦而行”的学校。爱学生，不仅用心去爱每一个学生，还要爱学生喜欢的一切。学生喜欢的，就是我们最应该去思考并实施的。

三、作为校长，我们要爱学习——终身学习，做学生的榜样

我们的工作，是不断学习、不断成长的过程；也是自我反思、不断积淀的过程。这个过程有痛苦的思索、有突然的领悟，于我而言，就是一场“美丽的修行”。

反思近年来对于晋城一小的管理，我深切地感受到“管理”的真谛。“管”是为了“放”而管，为“服”而管，这样的“管”，保证了“放”之有序，“服”之有效。学校管理的最高境界是文化管理，而我们日常做的只是制度化，努力做的也只是办学的规范化，这样的管理是没有生命力的，缺乏对学校发展的长期思考、规划，更缺少品牌意识、文化意识。

在进一步深化课程改革的今天，“双减”“五项管理”“课后服务”等落地，校长是学校发展的大势的掌舵者。我应该思考：怎么带领我的教师把课堂“知识为本”的教学转变为“核心素养为本”的教学？怎么带领我的中层从制度的管理转变为人文的管理？怎么从规范立校转变为品牌兴校？

终身学习是当代社会的重要特征。教师不仅要“育人”，还要“育己”。只有当教师不断完善自己时，才能更好地促进学生不断完善。教育改革和社会发展使得教师的发展不再是一次性完成的，而是延伸、覆盖教师职业生涯和实践的全过程。教师应当成为具有专业反思能力的终身学习者。教师的成长离不开学习，专业型校长更离不开学习，作为校长，我们一定要爱学习、终身学习，做学生的榜样。

四、作为校长，我们要爱同伴——携手共情，做教师专业发展的同行者

在学校管理的过程中，成功的校长都非常注重教师情感上的细微变化，实施恰当的情感诱导，精心培植教师良好情感，积极满足教师的情感需求，努力增强校长的亲和力，这也正是学校管理过程中的情感管理。

只有由“爱”发生的，让教师喜欢、感动的行动，才会让教师感受到尊重；只有由“爱”发生的，发自心的情感，才能真正打动人，才能唤起教师的亲和之心、安定之心、愉快之心、自信之心；只有由“爱”发生的，站在教师的角度思考问题，才能走进教师的心里，设身处地地为教师着想；信任、赞美、爱护、关怀教师，才能让教师，感受到团队的归属感和职业的尊严。

五、作为校长，我们要爱自己——阳光生活，在成长中遇见最美的自己

爱自己，就是爱惜自己的羽翼、爱护自己的身体，学会生活，做一个“有情趣的校长”，让师生“工作着，快乐着，成长着，美丽着”。

有什么样的眼睛，就会看到什么样的世界。心中有爱，你的目之所及皆是爱。从“爱”发生的教育，必因“爱”而美丽。

探索“县中”发展的秘密通道

——引导教育先行，严管厚爱并重

昆明市第一中学嵩明学校高中部副校长　吴学伟

我所工作的昆明市第一中学嵩明学校高中部（嵩明县第一中学）始创于1925年。1995年11月，学校被省教育厅认定为“云南省二级一等完全中学”，时至2022年，在这27年间，因生源问题和职称问题一直困扰着学校的发展。2021年7月起，在昆明市第一中学教育集团与嵩明县第一中学合作办学的两年间，学校各项工作有序推进，发展势头强劲。

2022年12月21日，学校晋升为“云南省一级三等高中”；2022年获得嵩明县“平安校园”称号、嵩明县心理健康教育“示范学校”称号，取得嵩明县综合质量考核全县第一名。

2022年，在昆明市教体局艺术节活动中，学校获合唱二等奖、群舞二等奖、朗诵二等奖；2022—2023年全国云啦啦操联赛（昆明站）暨云南省第六届校园健美操啦啦操锦标赛获少年混合组一等奖；2022—2023年全国啦啦操联赛（昆明站）公开少年混合组冠军。

学校的教研水平和命卷水平较以往有很大的进步。2022年高考成绩比2021年有了很大提升。高一、高二年级在昆明市2021—2022学年期末质量检测中成绩进步较大。其中，高一、高二年级所有科目的平均分都超过全市三类学校平均分，高一有语文、生物、政治、历史、地理5个科目平均分超过全市二类学校平均分；高二文科所有科目平均分超过全市二类学校平均分，有部分科目的平均分甚至超过一些二类学校。

近几年，学校中考录取分数线2022届373分，2023届411分，2024届427分，2025届442分，逐年上升。高一新生录取中考分500分以上人数2022届33人，2023届36人，2024届138人，2025届283人，也在不断增加。生源结构已开始进入良性循环，学校发展一片向好。

学校的管理水平更进一步精细化，注重五育并举，学生德智体美劳得到全面发展，大家对学校的认可度也在不断升高。嵩明县第一中学作为一个三类学校，能取得这样的成绩，实属不易，这些成绩的取得与学校的管理息息相关。那学校的管理又是从哪里入手的呢？其实，我们的方法很简单——“引导教育先行，严管厚爱并重”。这个方法具有非常强的可操作性，效果也可以在短期内就看到。

“引导教育先行，严管厚爱并重”，其实质是从学生的习惯养成抓起，从课堂纪律抓起。学习和生活的好习惯一旦养成，将终身受益。课堂纪律抓好了，上课效率高了，成绩也就好了。

一、引导教育先行之——梦是指路牌，让它亮起来

苔

〔清〕袁枚

白日不到处，青春恰自来。

苔花如米小，也学牡丹开。

苔虽然生长在阳光不能照到的地方，那么渺小，悄然地开着，不引人注目，更无人喝彩。但是它仍然那么执着地开放，毫不自惭形秽，在逆境中有勇气实现自己的价值，充满自信，认真地把自己最美的瞬间，毫无保留地绽

放给这个世界。

虽然我们的教育资源并没有那么优质，但我们的老师清楚地知道新时代学生应具备的素养，包括：批判性思维能力、获取信息和分析信息可靠性的能力、与人合作的能力、解决复杂问题的能力、表达沟通的能力；更知道未来社会最需要的能力是：解决复杂问题的能力、批判性思维能力、创造力、管理能力、协作能力。

学校承诺，所有学生不光会学术知识，还会培养好的习惯，把培养习惯和注重学业成绩放到同样重要的位置。

把选择权交给孩子，让他们按照自己喜欢的方式学习。给他们充足的时间，找到与世界对接的入口。我们并不需要为孩子在成功和满足感之间做取舍，因为他们可以拥有全部。事实上，让孩子获得满足感，正是引领其取得成功的最佳途径。

对孩子最好的，就是明确告诉他们，想要顺利长大成人，他们必须具备哪些通用技能；对孩子最好的，就是我们利用每一天、每一分钟，去帮助他们培养这些技能。竭尽所能不仅是一句口号，它更是我们的文化，是我们做事的一种思维方式和行为准则，是驱动我们前进的力量。我们要始终坚信，总有办法打开一扇锁着的门。学生进入高一的时候，学校就开设了职业生涯规划课程，让学生根据自己的职业生涯规划选择相应的大学，各班把学生选择的大学及最近几年的录取分数用表格的形式呈现在教室文化墙上，方便学生每天都可以看到他的理想大学。根据各次考试成绩统计分析、研判，目标一年可以修正一次。

二、严管厚爱并重之——抓好课堂纪律，提高课堂效率

严管，即“严格管理”，就是要按照既定的制度或标准要求认真仔细地加以管束或从严负责落实的意思。厚爱，语出《韩非子·六反》：“故母厚爱处，子多败，推爱也；父薄爱教笞，子多善，用严也。”意为深厚的关心

和喜爱。严管是厚爱的表现和举措，厚爱需要严管，两者之间是相辅相成的统一体。严管与厚爱，厚爱与严管，看似一个是社会管理手段，一个是人文关怀手段，其实无论是哪种措施、哪种方法，最终的目的都是爱。两者相辅相成，相互促进。

修身需要严管与厚爱。“古之欲明明德于天下者，先治其国。欲治其国者，先齐其家。欲齐其家者，先修其身。欲修其身者，先正其心。”历史上的众多先贤和伟人也无不是对自己要求极为苛刻，身体力行地践行伦理纲常和社会规章制度，正心正己。从“耆意大虑、布义行刚”的汉景帝刘启到“虚怀纳谏、从谏如流”的唐太宗李世民，从执法公正不阿的汉廷尉张释之到“慎独则心泰，主敬则身强，求仁则人悦，思诚则神钦”的曾国藩，从“一个人要求得进步，就必须下苦功夫，郑重其事地去进行自我修养”的刘少奇到“对同志要像春天般的温暖，对待工作要像夏天一样的火热，对待个人主义要像秋风扫落叶一样，对敌人要像严冬一样残酷无情”的雷锋……他们无不是严格约束、克己奉公的典范，更是我们心目中的英雄。所以，一个要成大事创大业的人，必须本着对自己厚爱的目的加强自我约束管理，要修好自己的品德，使自己心无旁骛，心思端正，做到格物、致知、诚意、正心。如此，善始善终，则大事可成。我们学校正是向着这样的目标去严管学生的。例如，课堂上学生不得睡觉或打盹；自习课上要求绝对安静，不得随意走动，不得转前转后讲小话，不得起来倒水、上厕所；等等。

我们学校也采取了类似的一些做法，如沉迷手机、早恋、抽烟等不良行为对中学生的危害是相当大的，学校对新生入学时做了大力的宣传和动员工作，出台了“三条红线”相关管理规定，只要有学生违反这“三条红线”，学生将受到政教处严肃的纪律处分。通过宣传、动员、检查、落实、处理等措施的实施，我校做到了没有一个学生会把手机带入校园，在校园里找不到抽烟的学生等。

我国古代还有一个“断机教子”的故事，讲的是孟母严厉教育儿子读书不能半途而废。有一天，孟子放学回家，孟母正在织布，她问儿子《论语》的《学而》篇会背诵了吗？孟子回答说会背诵了，孟母让他背给自己听。可是孟子总是翻来覆去地背诵“子曰，学而时习之，不亦说乎？”这一句话，孟母听了拿起一把刀把刚刚织好的布割断了。孟子看到后心里既害怕又不明白其中的原因。孟母教训儿子说：“学习就像织布一样，你不专心读书，就像断了的麻布，布断了再也接不起来了。”孟子很受触动，从此以后，他牢牢记住母亲的话，起早贪黑，刻苦读书。这个故事与“孟母三迁”一起成为孟母留给我们的精神财富，它也是父母教育孩子成功的典范，正是因为孟母对孟子的严厉督促才成就了后来的“亚圣”，这无疑是孟母对于孩子最深厚的爱。严管是厚爱，育人需要严管与厚爱结合。

社会发展需要严管与厚爱。随着经济的发展，物质的空前繁荣，人的思想观念、生活方式和价值取向也都呈现出多元化发展趋势。面对这种局面，党和政府需要更细致的社会管理举措，需要更加细微地对人民关怀与爱护；各级机关需要更加严格的内部管理规章制度，需要对干部职工更加完善的关怀措施；父母、学校对于孩子也需要更加强有力的约束和教育，需要更加细心的关心和照顾。所以，我们要坚持采取严管与厚爱并举的措施，促进社会的发展稳定、国家的繁荣昌盛和人才的全面发展。

作为学校管理也是如此，学校建立了一整套规章制度和各种考核方案，不仅详细还具有非常强的可操作性。学生的仪容仪表、言行举止、怎样上课、怎样早读、怎样午休、怎样晚休、怎样上自习、怎样请假、怎样与师生相处等都有严格的标准和规范。在这些严格管理的背后，学校也有配套的师生关怀与爱护体系。本文只是就两年来探索“县中”发展的一些做法进行大致的阐述，限于篇幅，未能将更多鲜活的案例和详细数据一一列出。

打造协同共育新格局，构建家校育人共同体

——以东川区德育工作实践为例

昆明市东川区第三中学（昆三中东川学校）教师　杨振东

2023年1月，教育部等十三部门《关于健全学校家庭社会协同育人机制的意见》提出："到2035年，要形成定位清晰、机制健全、联动紧密、科学高效的学校家庭社会协同育人机制。"意见的公布为我们今后进一步健全完善学校、家庭、社会的"三结合"教育网络，加强未成年人成长环境和思想道德建设，培养德智体美劳全面发展的社会主义建设者和接班人，指明了新的工作方向。要做好新时代背景下的协同育人工作，我认为可从以下六个方面着手推进。

一、畅通工作渠道，搭建共育舞台

学校要充分利用班级群、公众平台等媒介，与家长建立有效的联系，结合学校活动，创新性地把"我们的节日"活动日定为家长开放日。例如，东川区阿旺中学每周三举办"孩子是我们的希望"家长开放日，增强学校、教师与家长的沟通，让家长经历子女在校的学习和生活，让家长走进学校，走

进教室，走近子女，倾听子女的心声，关注教育，从而更好地与学校、教师一起来陪伴孩子成长。

二、健全沟通机制，增进共生情感

学校要组织好班主任、科任教师每学期定期开展家访活动，做到重点学生重点家访。通过家访，教师能及时了解学生学习和生活的情况以及思想动态，让每一个学生不在学校却继续享受学校给予的关爱，耐心倾听家长对我们工作的反馈和建议，不仅取得了家长对学校和教师的理解和支持，同时还加深了教师与家长的感情。教师上门家访，会让学生感受到教师的关注和重视。这对学生是一种激励，对家长也是一个触动。教师、家长、学生三者共处一室，促膝谈心，拉近了彼此心里的距离。家访教师积极指导家长，同时多进行交流，家长和教师相互学习，相互信任，相互合作，结成一个家庭学校的教育同盟。

三、夯实民主管理，凝聚共治合力

学校除健全家访制度外，每学期召开家长会也是凝聚合力的有效途径。例如2023年春季学期，全区各中小学共召开学生家长会26场次，共同对学生教育情况进行沟通，适时开展家庭教育咨询，并进行经验交流。在每学期的家长会上，各学校也进行了学校办学方向解说、规章制度强调、优秀学生和优秀教师表彰、安全和法治教育、说明班级及学科要求等工作。

四、提升德育质效，增强共同育人

育人成才，德育为要。学校作为未成年人思想道德建设的主阵地，德育形式载体要丰富多样。学校可以以巩固提升文明城市创建成果为抓手，持续深入开展文明校园创建。将文明校园创建工作与学校管理工作，特别是德育管理工作深度耦合，深入推进校园文化建设。同时，严格落实国家课程标准，不断增强德育课程的吸引力、感染力、向心力，推进习近平新时代中国特色社会主义思想进教材、进课堂，培育和践行社会主义核心价值观，不断完善全员全程全方位育人格局。以“扣好人生第一粒扣子”为主题，广泛开展“传承红色基因・童心向党”“中小学生参与校园志愿服务”“劳动实践”“传承中华优秀传统文化”等活动，增强学生的文化自信。

五、加强校风建设，优化共享环境

学校的广播、墙报、板报、读报栏等宣传阵地，有着独特的育人环境。结合中小学校及幼儿园中华优秀传统文化进校园活动的要求，充分发挥中小学课程教材承载的中华优秀传统文化教育功能，围绕立德树人根本任务，创造性转化、创新性发展，全面加强学校的中华传统文化教育。同时，推行从严治校，实行师德承诺制，建立负面清单，严格奖惩；确定“师德师风教育月”，大力宣传优秀教师先进典型事迹，表彰优秀教师，营造尊师重教的良好氛围，提高教师敬业精神，重塑教师队伍自信心，不断增强教师的职业认同感和自豪感；以优良师风推进优良校风转化生成，促进学校管理和教育教学质量提升。

六、强化“三结合”教育，织密共建网络

结合“普法强基补短板”工作，学校可以依托法治副校长等公检法和社会团体力量，利用学校周边教育资源，积极让校外教育队伍对学生开展教育，做到绝大多数学生离校不离教。例如，2022年，东川区教育体育局联合东川区人民法院共同制定《2022年“模拟法庭（庭审）进校园”工作方案》，实现了青少年学法用法模式从单纯说教式向体验式的学习转变。东川区教育系统有7名教师入选东川区妇联家庭教育讲师团，全区家庭教育人才队伍作用切实凸显。

问题溯源，精准施策

——浅谈如何提升教学质量，建设学校高质量教育体系

昆明市官渡区第五中学（原昆铁三中）副校长
昆明市官渡区第五中学琥珀分校执行校长　张利华

党的二十大报告明确提出，我们要坚持教育优先发展、科技自立自强、人才引领驱动，加快建设教育强国、科技强国、人才强国，坚持为党育人、为国育才，全面提高人才自主培养质量，着力造就拔尖创新人才，并强调要办好人民满意的教育，全面贯彻党的教育方针，落实立德树人根本任务，培养德智体美劳全面发展的社会主义建设者和接班人，加快建设高质量教育体系，发展素质教育，促进教育公平。

作为学校管理者，该如何提升教学质量，建设学校高质量教育体系，是我们必须思考和破解的难题。特别是笔者主持工作的昆明市官渡区第五中学琥珀分校，作为一所新建学校，生源底子差，教师全部都是新聘、临聘的无教学经验的新手，如何加快建设高质量教育体系，让学生能享受优质的教学资源，是迫在眉睫的问题。

一、找出问题，追根溯源

爱因斯坦说："提出一个问题往往比解决一个问题更重要。"这就好像对待"病"，先要知道是什么病，才有办法对症下药进行治疗。解决问题首先要找到问题的根源，发现了问题根源时，问题就已经解决了一半，发现不了问题才是最大的问题。当问题明确了，方向就清晰了，切实把原因搞清楚，制定出有针对性的解决办法并形成长效机制，才能真正提升学校教育教学质量，建设学校高质量教育体系。

所谓溯源法，其实是一种逆向思维方式，也是一种以倒推的方式追寻原因而达到解决问题的方法。因其能够由表及里深入剖析，追根溯源，因而有效地解决问题。怎么才能找到问题的根源呢？我们可以借鉴企业管理中的"5why分析法"。

所谓"5why分析法"，又称"5问法"，也就是对一个问题连续以5个"为什么"来自问，以追究其根本原因。虽为5个"为什么"，但使用时不限定只做5次"为什么"的探讨，主要是必须找到根本原因。比如，学校如何避免低效课堂甚至无效课堂？我们就要分析出现低效甚至无效课堂教学的原因：

why1. 为什么会出现低效甚至无效教学？

是教师教的问题还是学生学的问题？

why2. 教师为什么会出现低效的教？

是因为：动力缺乏？能力欠缺？方法不对？学情不清？……

学生为什么会出现低效的学？

是因为：学不会？不想学？……

针对不同教师实际情况，其原因各不相同。

why3. 教师为什么会缺乏教的动力？

有情绪？想躺平？……

学生为什么不想学？

听不懂？已经会了？没休息好？……

why4. 教师为什么会有情绪？

对哪位领导有看法？对管理制度有意见？对食堂的饭菜不满意？……

Why5. 教师对哪些管理制度有意见？

是对绩效工资分配方案有意见？还是对工作安排或者工作调整有意见？

为什么会有意见？

是因为没有事先讨论公示？还是该名老师情况特殊，自己觉得不公平？……

总而言之，只有真正找到每位教师或者学生出现低效教学的根本原因，才能有针对性地从根本上解决这个问题。可利用“七环节工作法”形成解决问题的工作机制。

（1）制订目标和计划：消除低效课堂。

（2）细化措施：加强集体备课，特别强调必须强化学情分析。例如，教研组制定讲授课、复习课、习题课、试卷讲评课等四种课型的课堂评价量表，学校参考后统一制定校级量表，要求教师学习并使用；加强宿舍管理，保障学生充分休息……

（3）组织实施：教研组、宿管处等部门负责落实。

（4）督促落实：做完有回应，制定进度时间表、对照时间表，并及时督促。

（5）绩效评估：再次观课，看课堂效果是否有改善。

（6）总结提升：通过课堂变化，总结集体备课、宿舍管理等经验。

（7）长效机制：把相关做法一一整理，形成包括：目标、计划、措施、落实、督导、评估、总结、成文等多环节工作闭环，变成一种常态。而这种工作机制和闭环管理方法，也是我校提升学校教育教学质量，建设学校高质量教育体系的一部分。

二、聚焦聚力，专家会诊

古语有云：医者父母心。教师对学生的关爱也是如此。可是我们却经常听到“分分分，学生的命根子”之类的说法。甚至是，“分分分，教师的命根子”这样的言论。究其原因，与我们教师太过关注学生的成绩不无关系。

笔者所在学校里，很大一部分教师还有这样的传统思维：会因为自己所教班级的平均分比隔壁班的高了多少分、优秀率比隔壁班的高了多少个点，从而觉得自己教学质量很好，听不见别人（包括学校领导）的建议和意见。这种观念本身就是方向性的大问题。

我们必须改变教师固有的评价观念，改变教师以“分数”为指标来评价教学质量的传统思维，变为以“人数”为指标来评价教学质量。只有这样改变，让教师关注点聚焦到“人”，明白针对不同层次、不同需求的学生，要怎么因材施教，才能达成目标，让教师目标和学校目标高度统一，在督促教师完成自己教学目标的同时，使学校目标自然达成。

针对这一目标，我们也可以利用“七环节工作法”解决问题，具体的细化措施如下。

（1）每次考完，以班级为单位，该班级所有任课教师坐在一起，像医院里针对疑难杂症患者进行专家会诊一样，分析每一位目标学生各个学科存在的问题，包括心理状态和行为习惯问题等。

（2）针对目标学生的实际问题，班主任和学科教师一起商定各学科分别提升多少分，才能让学生达成目标。每位科任教师再具体分析该学生可以提升的点，向班主任说明下一步将采取什么具体措施，并制定进度时间表。班主任综合各学科教师的进度时间表，得到每位目标学生专属的“一生一策”培养计划。

（3）让每位科任教师担任3~5名学生的“导师”，跟踪“一生一策”培养计划的落实情况，并及时（每周）跟班主任、年级组长交流，年级组长定期（每两周）向学校汇报。

当然，这种质量分析方法，也是我校提升学校教学质量，建设学校高质量教育体系的一部分。

三、心中有人，时刻挂念

纳兰性德说：人生若只如初见，何事秋风悲画扇。可见初见是如此的美好，让人寤寐思服。那如果教师能像想念初见一样时刻想着目标学生，何愁不能达成目标。

如果我们每位任课教师，时时刻刻把这些目标学生放在心上，贯穿在备、讲、批、辅、测、研等每一个教学环节。在设计所有教学环节时，科任教师都要清楚地知道我的受众是谁？他的需求是什么？我该如何达成他的成长需求？从备课准备教学资源开始，科任教师就清楚地知道：我准备的哪个题或者哪些题，是为哪个目标学生或者哪些目标学生准备的；我授课过程中，这个问题是为谁准备的。作业设计和批改、个别辅导等环节也应如此，做到“一生一策”。

当然，对学校管理者来说，摆在面前的难题就是：凭什么要求教师时时刻刻想着学生？怎么考核教师有没有时时刻刻关注学生，每个环节都关注学生呢？怎么才能让教师做到时时刻刻关注学生，每个环节都关注学生呢？

我个人还是建议利用“七环节工作法”解决问题，具体的细化措施如下。

（1）学校管理层进班进行观课时，需带上该班目标学生名单，重点观察这些目标学生知识有没有掌握、能力有没有提升，以此来判断课堂的有效性，并在课后及时跟教师交流反馈，对教师形成一种强化。

（2）学校管理层到备课组参与集体备课时，重点听对目标学生的备课，如何帮助目标学生达成“一生一策”的培养目标。

（3）学校管理层检查作业设计及批改辅导情况时，重点看目标学生的作业情况。

（4）学校管理层参与年级或班级质量分析会时，必对该班级、该学科目标学生“一生一策”培养计划的落实情况进行督导，并不断提醒教师，以使其形成习惯，逐渐变成工作常态。而这种工作常态，也是我校提升学校教育教学质量，建设学校高质量教育体系的一部分。

四、眼中有光，照亮前方

眼里有光，目之所至，皆是星辰大海。

教育的本质是唤醒学生的“想”，诱导学生的“会”，激发学生的“能”。而作为教师，就应该想办法点亮学生眼中的光——唤醒学生的热爱、希望和梦想。

作为教育工作者，我们应该清醒地认识到：教学的出发点是学而不是教，所以我们都说“教是为了不教”。为什么可以不教？因为学生学会了如何学习。

教学的终点也是学，所以我们评价教学质量是通过测试学习者（学生）是否学会，学会多少，能否用于解决问题，而不是测试施教者。

好教师应该让学生成为学习的主人，学得主动、学得生动、学得丰富、学得有创意、学得有乐趣、学得有成就。

1. 点亮学生眼中的光

好教师应该去唤醒学生对学习的热爱，并对学习充满希望，对未来心怀梦想。教师怎样做才能点亮学生眼中的光呢？我个人觉得可以从以下三个方面入手。

（1）发现学生身上的闪光点。教师要相信一点，每个孩子身上肯定都有自己的长处和闪光点。我们要做得更多的是善于发现。正如清代诗人袁枚在《苔》一诗中写的："白日不到处，青春恰自来。苔花如米小，也学牡丹开。"再小的花，也在期待盛开的那一刻。如果教师能及时发现学生身上的亮点，并对其表现出赏识行为，让学生感觉到受关注，觉得教师喜欢他，师生间良好的互动就开始了。

（2）帮助学生提升成绩，体验成功。对于学生而言，特别是毕业班学生，教师口头上的表扬，实际效果永远不如让考试成绩提升来得实在。只有让跟着教师踏实、努力、认真学习的学生的成绩得到明显提升，才能让他们体验到学习的快乐，收获成功的喜悦，从而不需要教师激励动员，自然愿意跟着教师学。甚至可以作为身边的榜样，带动其他学生一起学习，形成良好的学习氛围，这才是真正唤醒学生对学习的热爱，并对学习充满希望。

（3）关注学生、关心学生、关爱学生。亲其师而信其道。正如雅斯贝尔斯所言："教育的本质意味着：一棵树摇动另一棵树，一朵云推动另一朵云，一个灵魂唤醒另一个灵魂。"只有真正发自内心的关爱，才能真正做到灵魂的唤醒。

2. 点亮教师眼中的光

当然，作为学校管理者，还应该意识到：一个对工作、生活都充满怨气的教师，怎么可能点亮学生眼中的光，或者培养出眼中有光的学生？所以，作为学校管理者，我们也要思考怎样去点亮教师眼中的光，我个人有以下三点经验和建议。

（1）营造公平、公开的氛围，让教师有归属感、参与感；无论是学校规章制度的建立、修改和实施，都让教师有充分发言、充分参与的机会，让教师有参与感，并让教师体会到，学校的发展我也是其中不可或缺的一部分。

（2）通过绩效考核、评优评先等工作，让教师有获得感。比如，绩效考核方案，让各个学科、各个部门的教师都能有阐述意见的机会，一起讨论绩效发放方案。在评优评先等工作中，多了解教师的实际工作情况，让真正为学校付出的教师能感受到所有付出都有了回应。

（3）帮助教师消除后顾之忧，让教师有幸福感。多与教师沟通交流，了解其实际困难，包括生活困难，在学校有条件的前提下，实实在在为教师解决一些实际问题，让教师觉得，只要好好工作，其他的事，学校都会为我考虑。没有了后顾之忧，即便工作辛苦，心里也是满满的幸福感。

可以想象，如果我们管理者能真正点亮教师眼中的光，让教师愿意发自内心地关注、关心、关爱学生，并改变传统的以“分数”为指标来评价教学质量的思维，变为以“人数”为指标来评价教学质量，再结合“5why分析法”对问题、原因追根溯源，最后利用“七环节工作法”对问题加以解决，何愁教育教学质量不提升呢？

而且每个问题解决后都可以通过学校文件的方式形成长效机制，凡此种种，百川汇海，最终汇聚成我校提升学校教育教学质量，建设学校高质量发展的教育体系，从而实现学校的高质量发展。

当然，以上仅是个人经验总结和见解，难免以偏概全，欢迎批评指正。

用心做教育

——用爱浇灌　静守花开

嵩明县杨林镇初级中学书记、校长　张绍稳

在传统的中学管理中，教学秩序和规范教学行为是作为主心骨的存在，此两项将远远高于其他各大教学管理类别。这样做的优势是有利于形成严谨有序的教学作风，但仅仅以秩序作为支撑的教学管理体系也存在着严重的弊端，如导致学生压力过大、个体发展受到限制以及教学效率不高等现象。因此，针对传统教学管理模式的弊端，教学管理人员在进行深刻反思与变革的过程中需要更多地践行以人为本的教学原则，通过用心做教育去完善各个方面的细节，并在教学管理的过程中不断体现爱与人文关怀，从而实现新时代更高维度的教学管理成就。

一、贯彻立德树人根本任务，用心坚持以身作则的原则

1. 用爱贯彻立德树人根本任务，发展素质教育

周成平教授在给《给校长一生的建议》一书中说：“没有爱就没有教育，只有校长在潜意识里有一种爱教育的情结，才能做到爱学校、爱教师、爱学生。”在围绕“用心做教育”这一课题所展开的教学研究上，教学管理人员首先要做的便是用爱贯彻立德树人的教学理念，以新时代中国特色社会

主义思想为指导，围绕着教学的各个方面不断地发展素质教学，实现教学领域的言行合一。

首先，在教学管理人员发展素质教育的过程中，需要对相关的教学方向和教学板块进行明确的规划。比如，教学管理人员可以利用中华优秀传统文化中的仁、义、礼、智、信等优良思想去进行全面渗透，即教学管理人员可以在发展教育的过程中通过全面渗透中华优秀传统文化的方式去提高学生的个人素养，进而实现立德树人的教育目的。

其次，立德树人理念的落实并不是一个单维的教学方面，而是一个相对多维的且具备综合层次的教学方面，因此，在贯彻立德树人理念以及发展素质教育的过程中，教学管理人员可以将学生所接触的教育和周围的现实生活与素质教育这一主题结合起来，即教学管理人员在落实以教育任务为基本方针的同时，可以引导学生从自己所接触的教学知识中不断吸取养分，不断发展自我、成长自我。除此之外，教学管理人员还可以引导学生开展多样化的道德素质培养实践，引导学生从自己身边的小事做起，从自己周围的环境做起，在现实层面不断落实素质教育的要求，实现个体知识水平和道德素养的综合性发展。

最后，在进行中学教育管理的过程中，教学管理人员贯彻立德树人的教育理念，并在新时代中国特色社会主义思想的指导下去发展素质教育不仅有利于提高学生的个体素养，实现教学领域新的进步，同时更有利于推进现代化教学深化改革，实现更加具有人性化的教学作风。

2. 坚持以身作则，用心发挥榜样作用

“有如是作略，有如是榜样”作为管理者，律己远比律人重要。我始终相信“何妨云影杂，榜样自天成”，一直以来我坚持以身作则，发挥榜样的作用，严于律己，宽以待人，让身边的人在潜移默化中因爱而改变。事实上，“用心做教育”指的不仅仅是完善教学管理体系以及明确相应的教学规划，同时也包括对众多教学细节的处理以及对教学成效的及时反馈与不断跟进。

在贯彻落实立德树人教育理念以及发展素质教育的过程中，教学管理人员除了能够从教育以及学生的各个方面进行引导外，还需要从教师以及教学源头的各个方面进行改善。

首先，在贯彻落实立德树人教育理念的根基上，教学管理人员需要坚持以身作则的原则，通过发挥自身榜样作用去实现素质教育的发展。比如，教学管理人员需要对相应的教师团队开展个体道德考核，或者对教师团队进行相应的素质引导培养，让教师团队在明确自身个体素养成长的前提下充分发挥自身对学生所产生的正向影响作用。反之，倘若部分教师并不能对学生发挥正向道德榜样作用，甚至对学生产生了极大的负面影响作用，那么教学管理人员应当及时正视该问题，并迅速做出反馈。

其次，教学管理人员以及教师团队在发挥榜样作用方面所涉及的维度是多样化的，其中不仅仅包括对教学秩序的遵守以及对校园作风的维持，更包括对教学细节以及自身情绪的把控。比如，教师团队需要做到情绪稳定、认真负责、友善交流以及干净卫生等。

最后，教学管理人员在践行立德树人教育理念的过程中，坚持以身作则并充分发挥榜样作用。这不仅有利于维护稳定的教学秩序，还有利于推进优良的校园作风建设，实现整体素质教育的提升以及提供更加良好的教育发展前景。

二、发展校园文化，用心营造和谐氛围

1. 发展校园文化，落实自由平等

老子说：“非以其无私耶？故能成其私。”故而在发展校园文化时，一定要落实自由平等这个原则。在围绕“用心做教育”这一课题开展教学管理的过程中，教学管理人员除了重视教师以及学生素养方面的成长和提升之外，还需要进一步加强校园文化建设，通过发展多彩的校园文化去不断落实

自由平等的教学方针。

首先，在发展校园文化的过程中，教学管理人员需要明确文化发展的方向和根本原则，毕竟校园文化建设所涉及的方面众多，且不同的学生所面临的文化需求也是各不相同的。因此，教学管理人员在开展校园文化建设的过程中则需要秉持自由平等的态度，通过向上的文化氛围去实现学生各个领域的自我提升。比如，教学管理人员在加强校园文化建设的过程中可以优先考虑中华优秀传统文化传承，引导学生通过学习并发展多样化的中华优秀传统文化去真正承担起自身的历史责任。除此之外，教学管理人员还可以适当组织多姿多彩的优秀传统文化活动，让学生在现实层面去弘扬文化并实现文化创新。

其次，在发展校园文化的过程中，尽管学生的文化选择是自由平等的，但教学管理人员依然需要厘清向上的文化和向下的文化，并通过引导学生发展向上的文化去实现自身各个维度的成长，实现自身精神内涵的丰富。

最后，教学管理人员在不断优化教学管理的过程中加强校园文化建设不仅有利于丰富学生的校园生活，还有利于实现对优秀传统文化的发展与弘扬，引导学生正确认识自身的历史使命，落实自由平等的教学原则，从本质上加强校园作风建设，从而促进教学管理的进步。

2. 用心营造和谐氛围，灌输爱的教育

陶行知说："爱是一种伟大的力量，没有爱就没有教育。"可是在传统的中学教育管理模式中，由于秩序和成绩占据整体的主导地位，以至于教学氛围出现过度功利化等现象，无论是教师层面追求绩效考核，还是学生层面过度追求成绩排名，这两种现象都相对体现了浮躁且刻板的教学观念。在加强校园文化建设的过程中，教学管理人员则需要通过对传统的教学管理方式进行反思和改革，并通过在文化和教育层面不断灌输爱的方式去构建和谐的教学氛围。

首先，爱的教育可以体现的教学方面是多种多样的，除了需要教师在开展不同课程的过程中给予学生尊重外，还需要体现教学细节处的人文关怀。比如，关注学生心理健康、尊重学生正确诉求以及满足学生各项学习需求等。

其次，在构建校园和谐氛围的过程中，教学管理人员还可以定期组织学生开展各种集体活动，以此来加强学生之间的沟通，引导学生在处理学习关系的过程中实现团结互助。比如，教学管理人员可以组织学生进行春游活动、环保守卫活动以及集体文化活动等各项精彩活动，在丰富学生校园日常生活的同时也能给予学生乐观向上的心理引导，进而营造和谐的校园氛围。

最后，教学管理人员在进行校园管理的过程中灌输爱的教育不仅有利于构建和谐的教学氛围，同时更有利于实现对学生在心理健康层面的引导，加强学生与学生之间的交流合作，引导学生树立乐观自信的学习态度，从而推进更符合现实需求的教学管理局面。

三、用心改革教育弊端，创新教学模式

1. 改革教育弊端，明确教育根基

教学管理人员开展教学管理的过程也是一个不断推动教学进步以及实现教学创新的过程，因此，在教学管理人员开展教学管理的过程中需要对传统的教学弊端进行深刻的反思和变革，并根据时代发展需要和学生教育的种种现实需求去调整教学策略。

首先，在教学管理人员改革教育弊端的过程中需要深刻明确教育的根基。教育不仅仅是立国之本，同样也是立校之本。

其次，在教育管理人员改革教学弊端的过程中需要将学生的教育立在首位，并从细节处入手不断实现教育完善。比如，在现代信息技术全面应用于教学领域的前提下，教学管理人员可以对教学团队进行专业培训，引导教师使用多元化的教学方式去开展更高效的教学课堂，并在开展更高效的教学课堂的过程中践行以人为本的教育原则，通过提高教学质量和发展学生个体能

力去不断实现教学领域的创新。

最后，教学管理人员在开展教学管理的过程中改革教育弊端不仅有利于实现教育的进步，还有利于教学效率和质量的提升，促进文化教育的长远发展。

2. 创新教学模式，实现良性发展

在教育管理人员进行教育管理的过程中，需要深刻发现教育的变化和时代变化是息息相关的，无论多精进的教学模式倘若不进行创新，那么终有一天会被时代所抛弃，因此，教育管理人员需要从根本上重视教学创新，并以此来推动教育的良性发展。教学管理人员在促进教学创新的过程中需要认清时代发展需求和学生个体需求。比如，随着素质教育的推进，对学生个体能力的发展和学生道德层面的发展越来越重视，教学管理人员则需要根据传统教育的弊端进行改革，通过在教学领域更多地发展学生能力以及提高学生素质的方式去推动现代教育的进步，以及去实现更好的教学前景。教学管理人员在进行教学管理的过程中采取认真负责的态度去实现教学创新，不仅有利于保持教学效率和教学质量的提升，还有利于迎合现实发展诉求，有利于推动现代教育的进步，让学生在更加良性的教学环境中得以成长和发展。

四、结语

综上所述，本文主要围绕“贯彻立德树人，坚持以身作则”“发展校园文化，构建和谐氛围”以及“改革教育弊端，创新教学模式”三个方面阐述教学管理人员该如何在推进教学管理的过程中不断灌输爱，以及用心去开展教育，通过培养和发展学生个体素质和加强文化建设的方式去实现更为自由开放的教学环境，在弊端改革中实现教育领域的良性循环。正如习近平总书记在庆祝中国共产主义青年团成立100周年大会上讲道：“人生万事须自为，跬步江山即寥廓。”坚守爱心，教育终将迎来一树繁花。

教学管理篇

情洒杏林著满园
潜心教育谋良方

新时代背景下对“因材施教”的思考

昆明市第一中学西山学校副校长　杨胜利

因材施教是指针对学习的人的志趣、能力等具体情况进行不同的教育，出自《论语·为政》：“子游能养而或失于敬，子夏能直义而或少温润之色。各因其材之高下与其所失而告之，故不同也”。孔子认为，每个弟子擅长的领域各有不同，在德行、言语、处事、政治和文学等方面的能力各有差异。北宋理学家程颐将其思想概括为孔子教人，各因其材；朱熹对其加以注释：圣贤施教，各因其材，小以小成，大以大成，无弃人也。因材施教是古代圣贤留下的弥足珍贵的教育财富，是中国传统教育理念的精髓。

今天社会的发展和时代变迁赋予了因材施教新的内涵，因材施教的理念超出了原义的范畴，强调充分尊重学生差异，让他们朝着全面、个性、自由健康的方向发展，成长为德、智、体、美、劳全面发展的社会主义建设者和接班人。因材施教的前提是承认学生的差异性，研究他们的身心发展和认识世界能力等方面的差异情况，核心价值是尊重学生的选择权，给他们更多的选择机会，发现学生的兴趣特长和个性，引导他们全面发展、个性发展。

党的二十大报告强调，以中国式现代化全面推进中华民族伟大复兴，令人精神振奋，信心百倍。办好人民满意的教育，坚持以人民为中心发展教育，加快建设高质量教育体系、发展素质教育、促进教育公平等要求，因材施教显得格外有价值。中国基础教育体量之大，受教学生之多，地域、历史、文化、民族差异之大，世界罕见，没有任何现成的模板可照抄照搬，也没有哪个教育派系的说法和做法能点石成金，靠的是中国化、时代化的马克思主义指导我们教育的具体途径，尊重我们自己的国情、教情和学情，从理论与实际结合的高度，破解难题。新时代的因材施教更需要我们教育人：树立正确的教育理念，尊重和爱护每一个学生；锻炼敏锐的目光，培养认识学生的真本领；尊重学生的特点，让每一个学生在班级教学中散发光芒；呵护学生的个性，弥补他们的不足。

高水平实施因材施教是当代教育一个宏大的愿望，要实现这个愿望必须突破对学习的狭隘理解，学习不止是学业，不止是学习文化知识、完成作业，还要学励志、学做人、学爱父母兄弟、学爱老师同学，学爱党、爱国、爱集体，学与自然、与社会和谐相处，学克服困难的勇气，学自强、自立、自律的志气和骨气，等等。

一、树立多元评价标准

每个学生都有独特的智能倾向，只要以他的智能为标准去评价他，我们就会发现，每个学生都是美丽的，都是可以培养的。在实际教学中只有平等地对待每一种智能，每个学生方能受到尊重。

进入新时代，人民对美好教育的追求越来越强烈，让每个孩子享有公平而有质量的教育，成为国家的战略要求，这一切都赋予了因材施教更高的价值意义。学校应在尊重学生差异的基础上，从实际出发，面向不同学生群体，开展不同程度、途径和方法的教育教学，进而最大限度地让每个学生群体都能激发学习潜能，提升学习效率。在教育普及化阶段，教育公平追求的是所有的学生都能接受适合自己的教育，否则不仅会影响整体培养质量，还可能会造成人才培养效率下降和教育资源浪费，不利于高质量教育的目标。

1. 因性而教

男女在生理、心理上的确存在着差异，女生在生理发展上较男生一般早熟一两年，在小学和初中低年级时，女生的语言能力和机械识记能力一般优于男生，再加上本身学习的内容中抽象思维的成分比较少，所以此时女生的学习成绩普遍高于男生，但随着年级的升高，学习内容中的机械识记成分减少，相应地抽象思维的要求越来越高，男生的优势开始凸显。所以，教师应看到男女生各自的优势，因势利导，帮助他们分别保持和发展各自的优势，共同进步。

2. 因龄而教

根据人的认知发展四阶段说，各年龄阶段都有其特征，因此对不同年龄阶段的学生，教师要因年龄特征而教。

3. 因能力的个别差异而教

学生的能力有大有小，基本上呈常态分布：两头小，中间大。能力的充分发挥也有早有晚，能力的结构上也有差异，有的长于想象，有的长于记忆；等等。所以，教师应因学生能力的个别差异而教。

4. 因性格施教

每个人有不同性格，很多人学习不好的根本原因往往是性格造成的，而且不同性格的人对于学习的方式和内容的敏感度也不一样。

二、找到学生的智能发光点

教师和家长应依据学生的智能特征，构建符合其智能发展的学习活动，使学生从小就享受到学习带来的快乐，体验生命的魅力。

在培养方面，要落实到学生个性化学习方案，美国学者汤姆·林森提出差异化教学理论，作为一种响应式的教学方式，其核心理念是将学生的个体差异作为教学的构成要素，并根据学生不同的准备水平、学习兴趣和学习风格，设计出不同的教学内容和评价，以帮助所有学生在原有的基础上获得更多的提升，学生的个性化学习方案，实际上也是教师的个性化指导。首先，要以学生为主体，教师要灵活地开展教学设计，并及时调整学习内容，以满足学生的个性化和多样化需求，而不是单纯地期望学生一个个地来调整自己。其次，要遵循学生身心发展规律，方案制定要体现学生的学段特点和目标积极性，实现个体化和类型化的统计，同一类型的学生也可以形成共同的方案。相关研究表明，差异化教学对学生的学习将会产生积极的影响。从课堂表现和学习体验的结果来看，学生在接受适当挑战的课堂环境中，在参与群体具有高度同质性的情况下，能够更好地找到学习的意义。

采用多元教学方法，使学生处于优势的智能得到发挥，处于劣势的智能得到提高。教师作为学生学习活动的设计者和指导者，要发挥指导和组织作用，要跟进方案的实施，观察学生变化，及时对方案进行调整改进。

三、在保障方面，要加强机制创新和人力资源支撑

要加强顶层设计，创新体制机制，总结因材施教试点实验项目经验，制定相关政策，做好因材施教的路径设计与规划，探索学习制度、管理机制和教学组织的创新，完善质量监督和保障机制。加强教师队伍建设，提高教师综合素养，通过教师培训和校本研究，提高教师的课程整合、分层教学、信息化手段应用和学科育人能力，教师要善于发现学生的兴趣特长，指导学生学习规划，评价学生的综合素质。教师要具有专业性，以更为精准的理解和认知，扎实推进，因材施教，落在实处。

四、因材施教同样对家长具有非常重要的意义

家长在因材施教的过程中应该扮演主要的角色，切不可把自己扮成旁观者和不相关者，错误地把教育当成只是学校和教师的事情。家长要和教师交流学生行为表现方面的真实情况，配合学校制定相应的教育方案。家长要参与孩子的学习和活动，发现孩子的优点和缺点，鼓励其优点，纠正其缺点，不以结果或者成绩论成败。引导孩子把学习与人生的职业取向和价值取向区分开来，不可把父母的兴趣爱好和志向强加于一个未成年的孩子。给孩子更大的空间，让他们自由成长，创新的机会成本远远大于父母的期望利益。鼓

励、承认和欣赏给人以动力，责备、反对和不被重视的打击往往使人陷入无助，做一个有责任心的、有爱心的、懂得欣赏的父母。

总之，现代教育中的“因材施教”仍将大放异彩。因材施教的理念是教育的永恒话题，值得我们每一位教育者去思考和实践，其内涵和对现实的指导意义值得我们深入挖掘。把现代教育理论、教育方法、教育手段与因材施教理论和实践结合起来，充分运用有利资源，更好地发挥高效育人。

用心做教育

——发挥好教师在德育工作中的作用

昆明市第一中学西山学校副校长　杨胜利

德育工作作为教育的根本，是对学生思想品德的培养，对其道德修养的提升起着决定性的作用，立德树人、德育为先是用心做教育的前提。教师作为教育行业的引领者和践行者，在德育工作中起着非常重要的促进作用。元朝学者吴澄说："学必以德性为本。"我国《教育法》《教师法》和《义务教育法》等相关法律法规中都体现了有关德育的内容，以适应现代化建设的需要。在各学科的教学大纲中也都明确地提出了有关思想教育的任务和内容，从中可见德育工作的重要性。

学生文明素质的养成教育和政治思想教育是学校德育工作的主要内容，而为师者如何发挥好德育工作的作用，我认为应该做到以下几点。

一、应注重自身素质的提高

首先，思想品质素质的提高。一方面，作为教师，不仅是学生的榜样，更是学生在道德思想上的引路人，尤其要注重自身的言、行及言行的一致性。另一方面，思想品德素质的概念是极为广泛的，不仅体现在社会公德、职业道德、家庭美德等方面，更可以说社会生活的一切领域均被其覆盖。从一定意义上讲，为人师表，任何社会公德、职业道德方面的不足，都会引起学生的不满，产生教育的负效应。

其次，教师的人格影响相当重要。“千教万教教人求真，千学万学学做真人”，教师人格的影响，是教师运用自身的人格魅力，对学生进行感化，让学生的情操在潜移默化中得到陶冶，要求教师应在课堂上注重对学生的态度，以及在课堂上的言、行，自然地、多层次、多侧面地影响着学生。教师的人格，是教师整体素质全方位的展现。因此，教师不仅要有丰富的知识储备、熟练的教育技巧、深厚的教育科学功底和高水平的语言表达能力；还要在品格方面，有强烈的事业心与责任感和优秀的心理品质。

所以，教师在教育学生的过程中应该成为学生的楷模。教师自身不仅要以自己的一言一行为学生做出表率，而且应具有较高的理论水平和良好的个人修养，展现教师的人格魅力，这样才能在学生中建立威信，从而使思想政治教育顺利开展下去。

二、应针对学生的个性特点进行思想教育

对学生的教育我们要求“因材施教”，从德育的角度讲我们也必须坚持“因材施教”的原则，针对不同学生的问题，采取不同的措施、途径和方法进行思想教育是完全有必要的，同时也是必需的。

首先，我们应对一些学生的问题进行观察、分析和综合，通过对他们气质、能力、性格的了解，寻找出问题的根源。针对各自的问题对他们进行有针对性、有说服力的批评教育，引起他们的注意。随着时间的流逝，使他们逐步认识和改正自己的错误。

其次，在“因材施教”的过程中，教师要有诚心和耐心，给予学生考虑与做出正确决策的时间，鼓励他们通过参加各类活动，通过和其他同学的交流来发现自身的问题，进而改进自身的问题，这样便能收到较好的效果。

三、应将课堂教育与课外教育相结合

在开展德育的过程中，不能一味地依靠课堂上正面教育，还要有形式多样的课外教育。将课堂教育与课外教育完美结合，使德育工作取得事半功倍的效果。

1. 要加强班会课教学

班会课作为学校德育的主阵地，是对学生进行道德行为规范和政治观点教育的基石，因而，学校要非常重视班会课的落实。学校要经常安排教师出去学习和交流，拜师学艺，提高班会课的质量，为学校的德育工作寻找一条行之有效的路径。

2. 开展课外活动

开展丰富多彩、形式多样的课外活动，使学生在活动中受到潜移默化的教育。例如，可以举办时事政治讲座、法制报告会、演讲比赛、诗歌朗诵比赛等活动，还可以通过开展诸如“志愿者活动”“献爱心活动”等活动增强学生的道德意识。

四、应注意教师德育工作中的不可为与不作为带来的问题

1. 应注意教师德育工作中的不可为

第一，教师不能以自己的好恶评定学生，更不能对优差生进行区别对待。有的教师总是把成绩好的学生看成是人才，天天表扬，而把成绩一般的学生看成是“朽木”，横加批评。这样势必挫伤学生的上进心，对德育工作极为不利。

第二，有的教师对违纪学生采取赶出教室、向家长告状等简单粗暴的方法，这种治标不治本的方法，不仅不可能收到理想的效果，还很容易使学生产生逆反心理。

第三，有的教师容不得半点异议，特别是对敢于指出自己错误的学生，

更是不满，甚至将这种学生当作坏学生极力压制。学生有不同意见，教师的责任应该是因势利导，让学生在不同意见中辨出真、善、美；教师自己错了就应大胆承认，坚决改正；是学生错了就耐心帮助，并不失时机地培养他们“维护真理，改正错误”的好习惯。

2. 应纠正教师德育工作中的不作为

第一，有的教师对学生的说教多，而具体指导帮助学生养成良好行为规范少，满足于表面上的东西，只要不是大问题就忽视，听之任之，不和日常行为规范教育密切结合，这样的德育最终难以取得成效。

第二，有的教师管理班级的目标是“不出问题就行”，这也是不作为的典型例子，带来的将是更大的问题，许多的小问题最终将积累成大问题。因为那些被忽视的细节问题，一旦被学生习惯化后，将给德育工作带来重重的困难。

第三，有的教师对人不对己。对学生提出一套一套的要求，如不可以迟到，而自身却不能以身作则，这样很容易引起学生的逆反心理，给德育工作带来阻碍。

五、班主任发挥德育工作重要作用的策略

1. 做好学生心理工作

班主任做好德育工作的方式之一便是与学生进行心灵沟通，与学生建立无障碍的交流方式，让班主任与学生成为好朋友，做到教学相长。比如，在班级管理过程中，注重学生的思想变化，经常和学生进行谈心。

2. 构建学生自我管理机制

班主任虽然是班级的负责人、引导者，但是班主任不应当承揽班级所有工作，应当让学生进行自我管理，建立自我管理机制，发挥学生的自主能动性。只有让学生进行自我管理，才能培养真正的独立自主的新型学生。学生的自我管理能够让学生建立平等、公平的思想观念，对于学生优良思想品德

的建立起到了非常大的辅助作用，并且还能够维护好班级秩序，建立和谐的同学关系，帮助学生与教师之间维持良好的师生关系。

3. 奖惩分明，促进疏导顺利进行

班主任需要公平对待每一名学生，不可有失偏颇。中学阶段的学生正处于自我心理建立的时期，要帮助学生建立自尊、自爱、自强、自信的心理，保持公平公正地对待每一个人，建立公平原则。

总之，学校德育工作是一项任重而道远的工程，并非一日之功，它不仅需要广大教师的努力，同时更需要整个学校，乃至整个社会来构建一个良好的外在道德环境。因此，当前对广大青少年的思想教育，应该从家庭、学校和社会三者统一的角度出发，由家长、教师和全体社会成员三方面通力合作，才能收到较好的效果。

春风来过，大地会知道

——“双减”背景下的课堂提升与作业设计初探

昆明市第一中学附属西山区山海实验学校副校长　徐敏

随着2021年7月“双减”政策的到来，教育领域迎来了一次革命性的重大变革。“双减”政策减的是学生过重的课业负担、过长的学习时间，变革的是低效、被动和重复的学习方式。但“双减”的同时要求“提质”，提升教育质量，聚焦学生的全面发展。时间投入少了，作业数量降了，质量和发展却要提升，怎么做？昆明市第一中学附属西山区山海实验学校有一些自己的思考和探索。

课堂是教学的主阵地，改变传统的教学方式，提高课堂的有效性是关键。课堂的结果由四个因素决定：精准的教学设计、有效的课堂实施、学生的参与度、及时的巩固调整。

教学设计要从宏观的课程体系、单元与专题的建构、当节课的环节出发，通过集体备课研讨、自主学习探究、学情分析、教材研读等方面细究，确定准确的教学目标，紧扣教学流程，使教学设计最优。

有效的课堂实施是高效课堂的真正载体，课堂顺利实施首先得益于教师的内功，其次取决于备课的精准，最后的关键点在于师生的课堂参与度。再好的设计，再精彩的教师讲解，如果没有学生的主动参与，都不会有学习和教育发生。教师还要对课堂结果进行及时的巩固和调整，以达到事半功倍的效果。

在以上理论建构已经达成共识的基础上，我们在具体操作中做了以下探索。

一、站在“减负”的角度去思考效率，在课程时间和课程设计上做出改变

“双减”政策首先是改变“时间+汗水”的思路。“双减”政策规定，义务教育阶段的初中阶段不能早于8点上课，小学阶段不能早于8点20上课。但很多学校上午要排5节课，那么加上课间休息和课间操时间，上午最早得12点20分放学，经过反复考量，鉴于6岁（一年级）、7岁（二年级）和12岁（七年级）孩子的生理特征，我校认为上午5节大课，超过12点，直到12点20分才放学是不够科学的。研究表明，学生经过一个上午的学习，11点40分至12点20分，大脑开始疲倦，同时身体处于饥饿状态，最后一节课孩子的专注度不够理想，效度堪忧。基于此，我们果断拿掉第5节课，12点准时放学，不打疲劳战。

那么，11点40分至12点，这20分钟的小课怎么安排？我们反复调研和考量，结合下面四个因素：第一，山海寄宿制学校的封闭式管理模式特征；第二，6~7岁、12~13岁学生（山海学校是九年一贯制学校）的专注性生理特点；第三，11点40分至12点如何对抗学生疲劳性问题；第四，20分钟“短课”的时效要求。我校巧用现代化的互联网技术和中青年教师视野开阔的特点，开设了山海学校“闻窗外事”视野课课程（该课程名称取自山海学生既要“一心专读圣贤书，两耳还闻窗外事”的理念），以此课程为载体开阔学生的整体视野，优化寄宿制学生的思维品质。从2021年9月6日开课，至今共开设了约480天共480节视野课，内容涉及国际新闻、国内焦点、社会热点、科学境界、家国情怀和传统文化等11个领域。我校视野课讲究信息量、时效

性和话题性，例如，2021年9月25日晚，孟晚舟回国，9月28日早上，孟晚舟女士被羁绊1028天的原因就被列为课例。教师备课时整合了孟晚舟下飞机时的演讲视频、被羁绊的背景资料，使学生完整直观地了解了整个新闻事件，同时提出两个问题供学生讨论："孟晚舟为何被羁绊三年？孟晚舟下飞机后的演讲有什么意义？"我们期望借助问题，引导学生深入思考和讨论，培养学生正确的价值观并激发爱国情怀。再如，2021年10月16日神舟十三号顺利升空，10月17日早上，该则新闻和相关神舟飞船的背景知识就走进山海课堂。就这样，我们让寄宿制学生不因封闭管理和手机管理，断绝了与世界的连接，缺少了对社会的关注。我们认为，现代社会，尤其是信息高速发展的当下，要培养具有家国情怀的人，在接受教育阶段，就不能做"两耳不闻窗外事，一心只读圣贤书"的学子，而应该是能天天触摸到世界脉搏，感受到社会心跳的现代学生，只有这样的学生才知道自己的理想在哪里，自己的路在何方。"为民族的伟大复兴而读书"才能成为山海少年的家国理想。

义务教育阶段，就让学生站在教师的肩膀上瞭望世界吧，通过拓宽视野，来优化学生的思维品质，塑造学生的理想，更好地落实"双减"政策下立德树人的根本任务。

二、站在提质的深度去思考，抓牢抓实抓巧课堂效度，培养学生学习兴趣

"双减"的实质是：减负、提质、增效，让教育真正回到常识的轨道上。教育的常识最重要就是学校教育不能抹杀学生探索世界的欲望和求知的兴趣。

而"减负"前愈演愈烈的"时间+汗水"提质模式，就是把学生的时间和精力挤压到极致，很多学校变双休为单休，甚至变周休为月休；每天的7~8节课变为11节，甚至13节；学生的睡眠时间由9小时缩短至7小时，甚至6小时……这样的挤压，致使学生对于课堂，对于学校的热爱，变成了害怕和

恐惧。

1. 着力提高课堂教学效率

在我们山海教育人心里，义务教育阶段学习结果上的暂时优势，如果是用学生的读书兴趣和探索欲去换取，是最愚蠢、最失败的教育。

国家出台了“双减”政策，在这样的背景下，学校必须深化教育教学改革，优化课堂，让课堂生动且高效，从而把学生的时间还给学生，让学生能在课余时间去做喜欢的事，去丰富学校生活，去培养对学习的兴趣和对世界的探索欲。

要提高课堂效率，首先要明晰高效课堂的组成要素：课堂目标、教学设计、教学路径、教学评价和课堂管理。“双减”政策下的课堂教学，教师要树立培养学生读书兴趣和探索欲的观念。学校在对教师进行培训时，重要任务就是让培养学生终身学习兴趣的观念深入每位山海教师的职业信念中。之后，对于培养学生学习兴趣观念的落实，是在课堂上激发学生的主体参与性，精心设计问题情境和探究活动，激发学生主动探究的欲望，同时开展活动型和体验式学习。

2. 充分利用好课后服务时间

通过开展丰富多彩的科学、文体、艺术、劳动、阅读等兴趣小组及社团活动，为学生特长发展提供指导和舞台，为综合育人提供载体。为此，学校利用周五下午的3点40分到5点30分，为学生开设了10门核心素养课程。在学生成长的路上，山海学校的理念是：“体育、艺术和阅读是最好的滋养”，为此，我们提出：“无体育，不山海”“艺术让学生学会高雅地生活”“让阅读成为习惯”。在这套理念的指导下，我们开设了三大类13门课程供学生自由选择，体育类：足球、篮球、击剑、武术；艺术类：尤克里里、非洲鼓、手钟、民族舞；人文素养类：电影阅读、绘本课。通过全校走班选修的课后服务系统课程，实现对学生核心素养的提升，我们想要培养的是积极上进、有理想的学生。

三、建立山海作业模型

站在提质的高度去落实作业设计，明晰“双减”背景下的作业是减去“负担”后的作业，建立山海作业模型。

1. 做好教师培训和开展专题研究，提高作业设计能力

要减作业量，就必须提高作业设计的精度和效度，对作业设计的研究从来没有像今天这样被真正提到如此迫切的位置。我校本学期以“作业课题研究—经典设计展示—原则锁定和落实—调整和推广”四个步骤来进行作业设计专题研究，同时开展“博览群书，‘下海’精练”活动来锤炼青年教师的内功。因为我们认为，要想把学生从“题海”里拉出来，教师先得自己下“题海”，通过锤炼，教师才能在布置作业时，精选典型题目，提高作业设计能力，让学生真正做到举一反三。

学校通过扎扎实实开展以上专题活动，有效提高了教师的设计能力，真正使作业布置避免“低效、重复和机械”，达到走向科学和高效的目的。

2. 全校教师达成共识，明晰思路，去负提质，建立山海作业模型

如何减去作业负担？必须先找到“成为负担”的根源。

（1）目标不明，随意训练

设计作业，要瞄准目标。为了达成目标而练，总量适中，用时适中，就不成为负担。相反，仅为了“课后要有些作业”的习惯，那么负担就产生了。因此，明确布置作业的意图，是减轻作业负担的根本。

（2）形式呆板，训练重复

设计者未曾换位思考，学生完成作业时，会有什么样的内心感受？很少有学校能监督作业本身的设计质量，因此重复劳动型的作业仍然较多。

（3）误判学情，拔高或降低训练

作业设计是针对优等生、学困生，还是中等学生？作业布置应针对绝大部分学生，让大部分学生通过作业实现提升和发展，更精细的做法是因材分层设计作业。

在安排作业中，应结合本校、本年级、本班级的具体情况使用作业过关清单进行反思、自查，并在此基础上设计作业能够直击以上三个根源，让学生愿意去做，不再惧怕作业。

（4）科学建立山海作业模型

通过思考，我们建立了作业模型，现在以“山海学校寒假作业设计案”（以下简称“作业设计案”）为例，具体阐述我校的作业设计模型。

我校作业设计首先结合和体现的是学校的核心理念：培养德智体美劳全面发展的具有家国情怀的人。因此，作业设计案由以下五个部分组成：假期体育锻炼计划、文化作业设计计划、劳技作业设计计划、山海阅读单、山海影单。

假期体育锻炼计划含“基础体能锻炼”和“专项技能训练”两部分。“基础体能锻炼”板块按天布置，每天30分钟，内容见表1：“专项技能训练”板块学生依据兴趣，从篮球、足球、排球、乒乓球、羽毛球、网球、武术和体操八个项目中选择一项进行练习。学生每周一至周五按以上要求完成体育锻炼，周末和春节一周休息调整，42天的寒假，我们希望帮助学生养成一种运动习惯。同时，我们在家长群里倡导：我们最希望的是家长通过陪伴孩子完成体育作业，透过孩子的影响，让每个家庭都养成运动和锻炼的习惯，让每个孩子都具有一项热爱并坚持的运动项目。

表1　山海寒假作业设计案之“基础体能锻炼”内容

星期一	星期二	星期三	星期四	星期五
1.原地摆臂练习（4组，每组50个，手里各握1瓶矿泉水） 2.原地小步跑练习(4组，每组20秒，注意：脚后跟不着地)	1.原地高抬腿（5组，每组30秒） 2.后踢跑（5组，每组30秒）	1.马克操(4组，每组30秒） 2.弓箭步跳（4组，每组30秒）	1.抬腿提膝击掌（5组，每组25秒） 2.扶墙登山跑（5组，每组30秒）	1.正踢腿（5组每组12个） 2.马克操（5组，每组30秒）

续表

星期一	星期二	星期三	星期四	星期五
3.原地高抬腿跑(4组，每组25秒） 4.原地弓箭步跳（4组，每组30个) 5.跳绳（4组，前3组每组170个，最后1组计时1分钟） 6.坐位体前屈（压腿，单脚支撑平衡拉伸）	3.正踢腿（4组，每组12个） 4.台阶跑（4组，每组35秒） 5.俯身登山跑（4组，每组30秒） 6.仰卧抬腿（4组，每组12个）	3.俯卧撑（5组，每组12个） 4.原地高抬腿跑（3组，每组25秒） 5.收腹跳（4组，每组12个） 6.跳绳（5组，每组180个）	3.俯身登山跑（4组，每组25秒） 4.平板支撑（3组，每组45秒） 5.仰卧起坐（4组，每组35个） 6.仰卧举腿（4组，每组15个） 7.跳绳（3组，每组180个）	3.开合跳（5组，每组30秒） 4.半蹲跳（4组，每组25个） 5.波比跳（4组，每组12个） 6.跳绳（3组，每组180个）

注：每组间隙30~40秒

文化作业设计计划由各科教师按天和按周设计作业量：语、数、外按天设计，每天30分钟；政、史、地、生按周设计，每周1次，每次40分钟；周末和春节休息。

劳技作业设计计划是山海学校依据寒假假期的特点，设计了三个劳技作业主题：任务一“最美卧室”内务管理、任务二“栽培与生活”绿植培育、任务三“巧手贺新春”年夜饭制作。通过劳技作业设计，建立学生收拾房间的意识、学会美化家居的方法，做会生活的人。

山海阅读单和影单，阅读是实现自我成长、成就未来最好的路。每到假期，山海学校语文组都要推荐课外书单和经典电影名单，因为被好书和好电影影响的孩子，是有丰富精神世界的孩子。

这套作业设计案体现的是山海学校的育人理念，我们希望培养有理想、好学上进的家国脊梁。

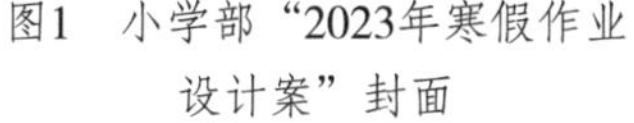
图1　小学部“2023年寒假作业设计案”封面

图2　中学部“2023年寒假作业设计案”封面

综上所述，时间管理、课程设计、课堂管理和作业设计，是“双减”政策下，学校“提质”最重要的四个支点。“双减”政策要求学校在教育教学内涵发展方面有自己的思考，我们正是通过这四个支点去探索真正能聚焦学生内在素养提升的路径和方法。

虽然，“减负提质”的努力，我们还在路上。但是山海学校的同仁坚信：春风来过，大地一定会知道……

一个中心，两个基本点

——初中道德与法治教育教学效果提升浅见

富民县款庄中学副校长　李小荣

教育教学的中心工作就要提高教育教学效果，实现学生全面发展，把学生培养成为国家需要的人才。要实现这一中心目标，就必须抓好学生的思想工作，并注重学习方法的培养，做到“两手都要抓，两手都要硬”。

一、洒下关爱的教育之光

任何教师要搞好教育教学工作，都必须从构建良好师生关系开始，良好师生关系的核心就是教师对学生的关爱。我国著名的教育家刘佛年说：“所谓师德，或者说教师修养，包含许多方面的内容，但最重要的，我以为是对待学生的态度。对学生的态度就是对事业的态度，这是修养中最重要的内容。”可见，教师大计，师德为本，师德大计，师爱为本。师爱是教师对学生的关心和爱护，是一种最纯洁、最无私的爱。曾有人把它誉为“开启心扉的钥匙”“点燃智慧的火花”。

1. 学生情况

现在的初中生大多数都是独生子女，在家不总干家务活，以至于现在大多数的孩子都无法很好地适应集体生活。在家庭生活中长辈过多的溺爱，使得部分学生孤傲、自私、以自我为中心、不会关心别人等。如此的生活态度对于学生的学习和成长百害而无一利。

2. 教师现状

由于工作、生活等各方面的压力，现在有些教师不仅身体上不堪重负，精神上也得不到很好的寄托，压力无法释放，导致焦虑、自卑、嫉妒等心理。有些教师缺乏爱的意识，与学生关系不融洽，经常因为一些小事引起师生之间的冲突。如此的利害关系，想必只能给教育带来负面的影响。

3. 师生关系自相识开始

卢梭在《爱弥儿》一书中有这样一句话：教育必须从了解入手。知己知彼，才能百战不殆。教师只有充分地了解学生，知道他需要的是一位什么样的教师，他喜欢什么样的教学方式，才能正确地认识学生，洞察他的内心世界。如何才能充分地了解学生呢？最直观而且最简单的方法就是学生的学籍档案。通过对学籍档案的阅读，可以很快速地了解学生的基本情况，德、智、体、美、劳各方面的发展，从而因材施教。当然，除此之外，日常生活、学习中对学生的观察也是很重要的。除了充分地了解学生，作为教师，还应该注意自身的形象和修养。在家，父母是孩子的老师，但是在学校，大多数学生就会向着教师的方向来发展自己，如穿衣打扮、行为举止。所以，教师大方得体的穿着、有修养的言谈举止很重要。

4. 师生关系在交往中升温

这一阶段师生之爱主要体现在：尊重、平等、民主。师生之间的有效交往，是以师生之间互相产生好感为前提的。作为教师，不能只会一味地苛责学生。学生无论成绩好与坏都有很多优点，而且成绩并不是衡量一个学生唯一的标准。我们要创造一个公平的环境，让学生发扬自己的优点，并且用欣赏的目光、赞赏的言语去认可他们。

5. 师生关系在交心中飞跃

罗曼·罗兰说：“要散布阳光到别人心里，先得自己心里有阳光。”

教师的阳光就是一颗热爱学生的心。用爱心努力架起心灵沟通的桥梁，才会使学生在良好的氛围中，情操得以陶冶，智力得以发展。作为教师，要善于发现学生的优点，要常常提醒自己，学会蹲下来与学生交流。以一个朋友的身份走进学生的生活，站在学生的角度思考问题。给他们一份爱心、一声赞美、一个微笑，竭力去寻找他们的优点，用真心去赞扬、去鼓励他们。

作为教师，最重要的就是用我们的爱心去营造一缕阳光，让可爱的学生们在阳光灿烂的日子里茁壮地成长。

二、研究有效的教学之法

初中道德与法治是一个特殊的学科，首先是最能体现国家立德树人的教育任务，内容涉及学生思想意识和法治观念，其次是学科本身最能体现与时俱进的特点，内容几乎每年有更新，最后是对学生的影响将持续终生；同时，道德与法治也是一个简单的学科，内容大多是学生身边可以真实体验到的事物，学生理解起来相对容易，但是由于本学科近年来在学业水平考试中的分值比重下降，所以学生包括家长的重视程度也随之下降，导致本学科的学习效果不佳。

作为教师，我们有义务在不违背教育规律的前提下千方百计提高学生的学习效果。本科目内容本身相对容易，理解基本不存在问题，关键问题在于对非选择题中知识点的识记，识记不佳是丢分的主要原因，经过十余年的教学实践，以及相关学习培训的积累，我对知识点的识记有以下几方面总结。

1. 关键词的把握

本学科中，有许多知识点需要识记，且并不精练，对于中等生及学困生来说，是个不小的负担，学生一旦记不清知识点，在教师严格要求不准空题的情况下，就会选择去抄选择题的答案，或者用自己的语言来回答，导致答题偏差或者是口语化问题，造成的结果就是得分极低甚至是不得分。如果学生能记得一些关键词，结果就大不一样了。每一道题都有一些关键词，这些词的出现不仅是教师给分的依据，也明确了学生答题的思路。记住这些关键词，顺着关键词的意思用通顺的语言组织成句，也就成了一个正确的观点，这有点类似于小学低段就掌握的本领——造句，这一方法即便是学困生也可以掌握。例如，“改革开放的意义”这一知识点，有如下关键词：“伟大革命、关键抉择、蓬勃朝气、强大动力、强国之路、鲜明特点”等，每一个关键词可以组织成一句话，成为一个观点，如最后一个关键词“鲜明特点”，教材上的观点是“改革开放是新时期最鲜明的特点”，学生也可以围绕这一思路去展开，写成“改革开放是经济社会发展的鲜明特点”“改革开放是当前社会的鲜明特点”等。其他关键词也是照葫芦画瓢。也许有的教师会觉得这样不太严谨，但我的观点是，本学科有其特点，并不像语文的背诵默写，一个字、一个标点也不能改变，本学科多数知识点是对思路的整体把握，只要思路没问题，有关键词，是学科语言也就可以了。

2. 题目的归类

本科目的题目类型多样，提问方式多样，往往都指向同一个问题，有的问题直白，有的问题委婉。例如，生态环保题往往有如下设问方式：“如何节约资源，保护环境？”“如何实现××地区可持续发展？”“如何建设美丽中国？”“如何让××地区更加宜居”等。再如，学生成长成才题有如下设问方式：“中学生如何成为未来需要的人才？”“要实现中国梦，青少年应该怎样做准备？”“中学生怎样成为祖国的建设者和接班人？”等。不管如何设问，都是同样或类似的回答，在此过程中，要引导学生学会审题，这在平时的教学中可以潜移默化地进行培养。另外还要学会归类，只要归类，就能实现从理解一个题，到理解一类题，达到触类旁通的效果，同时，每一类问题在答题上都有一定的模式，如成长成才题，答题思路大致如下：①树立远大理想，励志报效祖国；②努力学习科学文化知识，奠定扎实基础；③培养创新能力、实践能力等相关能力，全面发展；④形成艰苦奋斗、持之以恒等相关精神。只要围绕这一思路展开，基本能得到满分。

3. 情感的投入

德育的效果和教育教学效果构成正比例关系，本学科内容本身就强调德育，所以教师可以充分利用这一学科特点和学科优势。在教育的同时，引入教学内容，在教学的同时又穿插情感的教育。例如，学生的早恋问题，本学科的知识点为“男女生如何正常交往”；师生矛盾问题，本学科的知识点为“如何理解老师的良苦用心”；中学生的违纪问题，本学科知识点为“青少年如何健康成长、远离违法犯罪？”；等等。另外，科任教师，尤其是道德与法治的科任教师要主动承担起学生教育管理职责，当学生取得进步时，我们应当欣赏与赞美；当学生出现问题时，我们应当提醒与鞭策；当学生面临困难时，我们应当关怀与帮助。越参与管理，越能赢得学生的信赖和尊重，从而实现“亲其师而信其道”的良好效果。教师的职业特点就注定了教师一定要对学生进行言传身教，将学生当成自己的亲人或朋友，构建良好的、和谐的师生关系。当然，关爱他们的同时一定不要丧失原则和立场，在关爱的背景下一定要严格要求，只要自身是真正对学生好，学生一定会感受到的。

总之，提高教育教学效果还有很多方式方法，所谓“学无定法，贵在得法”，同理，“教无定法，贵在得法”，只要在不违背教育教学法规的情况下，能提升教学效果的方法就是好的方法，每个教师存在个人经历、性格特点、兴趣爱好等方面的差异，不可能有固定的方法，但只要我们肯钻研、肯反思、肯落实，一定能找到适合自身的教育教学方法，从而提升自身教学效果，践行作为教育工作者的初心使命。

采用多元化教学，提高英语教学质量

——乡镇农村中学英语教学质量提升案例

禄劝县翠华中学教务主任　刘绍华

一、问题背景

乡镇农村中学一般离县城较远，少则十多公里，多则上百公里，公路崎岖，道路狭窄，山高坡陡，进出县城极其不便。经济普遍滞后，大多数家庭刚脱贫，各方面还有待进一步发展。人们思想观念落后，在孩子的教育问题上比较粗放，放之任之，加之父母长年在外打工，几月甚至几年不回家，孩子长期与爷爷奶奶在一起，导致一些不良的生活习惯、学习习惯。这些事实的存在，加上学校师资力量的薄弱，学校教育教学设施设备陈旧，给学校的教育带来了巨大的挑战，在文化知识方面的学习，特别是英语这一门课程的学习，对大部分学生来说，就显得十分困难。英语是初中教学的重点科目，在提高初中英语教学质量方面不仅要提高教师的专业能力，而且还要提高教师的教学思维，并且由于初中的学科较多，学生有巨大的课业负担，在学习期间就会有偏颇，进而留给英语的时间可能不够多，英语成绩就上不来，所以乡镇初中英语的教学效率依然较低，英语成绩普遍偏低，教学质量的提升任重道远。我所执教的乡镇初中，就存在这种情况。

二、案例描述

初一时，我就发现我们班学生的英语水平参差不齐，有的学生连26个字母的朗读与书写都不会，还得花几节课去订正，所以在上课期间遇到的压力较大。为了提高教学质量，我尝试采用不同的方式来对学生进行英语教学，但是在教学中我仍然发现还有跟不上的学生。由于有些学生才上初中，小学学习的思维理念还没有转变，进而导致最初的学习期间跟不上进度，不知道自己上课应该怎么做笔记、怎么参与。

我也发现初中学生在英语的书面表达、写作方面存在很大的困难，往往由于词汇量的积累不够，并且对单词的意思掌握不完全，进而导致在写作期间经常出现词不达意、张冠李戴的情况。当我在讲写作技巧时，我发现学生的词汇、语法积累非常少，并且在教学中他们往往会记住最简单的一个单词，或者一个句子，而且语法错误也是层出不穷，常常出现汉语式的英语表达情况，这几乎是学生的通病。原因是他们愿意花费最少的时间记住最简单的句子，然后就安于现状，而不愿意记住较为复杂的单词与句子，在融会贯通、举一反三方面更是难上加难。长此以往，大多数学生记住的内容都差不多，造成学生拥有的知识量不够，就导致学生的英语水平和英语素养低下。同时，我发现好的学生越学越好，而差的学生越学越差，两极分化现象相当严重。在这样的情况下，学生的英语能力和英语素养差距就越来越明显，进而难以促进整个班级的整体教学和英语教学质量的提高。

此外，我在教学中还发现学生学习英语的方法较为单一，大多数学生只是满足于在课堂上听教师讲解，在课堂上做练习或者在课后只是写作业，课后不会及时复习巩固，课前又不预习，所以，在英语课堂上的学习主动性与积极性没有很好地表现出来，慢慢地英语课堂学习也就显得很沉闷，教师的教学也显得难持续推进。还有，在课外几乎没有时间学习或者阅读英语相关资料，这就使得学生的英语知识结构和层次不够广，没有对英语进行深入的学习。同时也会导致学生的学习兴趣逐渐下降，使得自身的英语素养无法得到深层次的提升，成绩与质量的提升就显得捉襟见肘。

三、案例评析

这个案例在我们乡镇初中普遍存在，给我们带来了很多的思考。在新课标、新中考、新高考理念的推动下，农村孩子的教学突破口在哪里？我们每个教师的专业素养、执教能力、教学模式、教育理念等，都需要进一步地深耕细作，不断地提升与优化，才能更好地适应社会的发展与需要。

我们能够看出初中英语和小学英语的学习具有一定的差异，因此学生在学习期间可能不太适应身份和学习方式的转变，这就要求教师在课堂和学习中对学生进行引导，改变学生之前的学习模式和学习观念，进而推动初中英语课堂教学效率的提升。初中生学习的科目较多，并且自身的英语水平参差不齐，这就需要教师在教学期间合理利用课堂时间，提高自身的教学效率。并且在布置课外作业期间也需要进行规划，运用合适的课外练习提高并巩固学生的学习效率。在教学期间，教师也要转变学生的学习观念，利用交流、探讨的模式对学生进行教导，打破学生之前的单向输出理念。教师还要教会学生预习，让学生在课下做好预习，进而在课堂学习中能够减去一定的负担，提高整体的教学速度。当学生对学习内容有一定的了解后，教师在教学期间就可以进行扩展延伸，对学生进行深层次的教导，让学生学习更多书本中没有的内容，从而提升自己的英语学习素养。

在英语书面表达写作教学期间，为了更好地对学生进行教导，解决学生词不达意的问题，我在教学时对单词进行词义解释，并且不再解释一个意思，反而是多讲解几个单词的意思，让学生背诵。并且为了解决学生的语法问题，在教学期间我开始增加难度，先教学生应该掌握的语法和句子知识，然后进行延伸教学，当学生对这些词汇、句子有一定的记忆后，再讲解最简单的知识。为了进一步提高课堂的学习效率，我在教学期间还让同学们分成小组进行讨论交流，让他们提出自己认为正确的语法词汇，然后进行小组之间的比拼，以小组的模式促进学生的学习。通过小组交流模式，学生能够提升学习兴趣、活跃课堂的学习氛围，并且在一定程度上通过合作交流的学习方法有助于学生思考，培养团队合作意识，进一步增强集体荣誉感。

四、结语

从上述案例中分析可知，在英语教学中，我们可以采用多元化的教学法，如合作式学习法、游戏式教学法和基于问题的学习法等，以此激发学生的学习热情，增强学生的自主学习能力。同时，教师对学生的关注和鼓励，可以让学生主动参与学习，自由探索，积极参与课堂上的讨论和互动，使得学生学习的效率有所提高。在教学中，学生表现活跃，并在交流中表达了对教师和教学方式的肯定。此外，学生也提出了一些希望改进的地方，如可以有更多的口语练习、更加生动的教学形式和更多的实践机会。这些反馈将帮助教师更好地设计教学方案，并不断改进课程内容和教学方法，提升教学效果。教育教学需要不断地创新，通过多元化的教学方式，激发学生的兴趣和学习热情，才能达到更好的教学效果。因此，教师要继续探索和尝试不同的教学方法，以提高教学效率，切实提高乡镇初中英语教学质量。

新高考改革下高中教学管理面临的挑战与机遇探究

昆明师范专科学校附属中学校长助理　张明武

我国深入推进高考制度改革，是新时代的要求，更是推动教育改革发展的重要基础。国家新一轮高考改革方案的出台，拉开了全国各地高考制度改革的序幕。全国各地基于改革方案要求，立足本地区教育发展现状，纷纷制定发布了新高考改革方案，推动了新一轮高考改革的序幕。相比于现行高考制度，新高考方案在考试模式、评价方法等方面，均做出了新的调整，以更好地适应新时期高考改革的需求。因此，新高考改革的推进，对传统教学管理提出了新的要求，教学及考试环境发生了一定变化，并且在教学方法、学生学科学习等方面，提出了新的挑战，这值得审视与思考。

一、新高考改革下高中教学管理面临的挑战

新高考改革的推进，是新时期构建中国特色高中教育制度体系的重要保障。面临新环境、新要求，高中教学管理面临诸多挑战，特别是教学方法要求转变、教学管理要求改革，这都是基于新制度下高中教学管理构建的新挑战。

1. 要求转变教学方法，构建开放式课堂

在现行高考制度下，高中各学科教学仍以讲授为主，教师的讲练成为课堂的主体，出现为了高考而“灌溉式”的教学现状。但是，新高考方案更强调学生综合能力的培养，着力开放式多元化课堂的构建。高考对各学科的知识点设置，更加灵活多变，这就要求教师在教学方法上要进行适当调整，转变传统僵化的教学方法。首先，坚持以生为本，立足教材，构建开放式学科课堂，强化学生学科能力的培养；其次，学校要开展多样化教学，通过任务驱动式教学、探究式教学，提高教学质量，更好地适应新的高考制度，推进学科教育改革发展；最后，各学科教育教学应转变教学思维，强化学生学科核心素养的培养，更好地契合新高考内容，提高学生的学科综合能力，这是教学方法的改革方向。

2. 强调强化教学管理，实现学科平衡发展

新高考改革，语文、数学、外语学科仍是统考科目。但在地理、历史、化学等学科教学管理中，如何实现这些学科与语数外的匹配，成为有效管理的关键。尤其是对匹配度的把握程度，直接关系到学生高考后的录取。因此，对于新高考方案，学校应进一步优化教学管理模式，把握好教学投入尺度，能够实现选修学科与语数外的有效匹配。一方面，各学科应控制好课时，不能对语数外学习造成干扰，形成系统性、完善性的教学管理机制；另一方面，要强化对匹配度的把握，能够从录取环节着手，实现各学科的有效平衡，这是教学管理的重点，也是新高考改革下的教学管理建设难点。

3. 不同学科课时设计难控制，有待优化设计

在新高考方案中，地理、历史、化学、物理等学科均作为选考科目，学生重视程度相比于语数外有所欠缺，且走班上课的模式，影响了学科学习及成绩的管理，造成教学管理混乱的问题。以江苏为例，无论是“6选2”模式，还是新高考方案的“6选3”模式，走班上课对学科教学的影响比较大。“小高考”科目范围的拓展，会对本就课时不多的选修学科造成挤压，形成

一定影响。因此，在新高考改革之后，选修学科的课时受到影响，对本就课时紧张的选修课程而言，势必是“雪上加霜”，有待进一步优化学科课时的安排。从实际而言，实现各学科课时的合理安排尤为重要，应最大程度地减少必修课时设计对选修学科课时的挤压。

二、新高考改革下高中教学管理改革的机遇

挑战与机遇并存，是当前新高考改革下高中教学管理改革的重要发展态势。从实际而言，新高考改革对于教学改革有积极的促进作用，是对传统教学管理的创新构建。为此，从机遇的角度而言，新高考改革下的高中教学管理，应抓住以下机遇与要求，推进教学管理持续向好发展。

1. 立足新时代，强调教学管理创新构建

立足新时代教育环境，传统高中教育形态的僵化，要求从新高考改革的视角，对现有教学管理制度、内容进行创新构建，这符合新时期高中教学管理发展的需求。面对新的教育环境及制度要求，促进了学校要以新的制度为导向，对教学管理制度及体系进行优化，以建立与之匹配的教学管理环境，进一步提高教学管理的实际效能。

2. 立足当前现状，强调教学管理持续改进

立足当前教学管理现状，高中教学管理要以新高考改革为契机，对当前教学管理程式化等问题进行持续改进。在开放式课堂构建、走班教学管理等方面，更好地完善教学管理内容，从现有教学方面进行教学拓展，适应新的教学管理环境。因此，学校要抓住新高考改革的契机，充分立足当前现状，全面推进教学管理持续改进，形成良好的教育教学环境。

3. 立足教学需求，强调教学管理向好发展

实际上，新高考改革是基于学生发展下的重大教育教学调整。学校要立足教学需求，抓住新高考制度的教学改革点，从不同学科入手，强化教学方法创新、教师队伍建设，在新的教育制度中推进教学管理向好发展，这是保

障教学管理质量的内在需求。因此，从发展的角度而言，教学发展的需求面不断拓展，要从新高考改革中对教学管理进行优化，从高效、高质的教学管理中，提高教学管理质量。

三、新高考改革下高中教学管理改进措施

新高考改革对高中学科教育的影响是多方面的，如何积极应对影响，抓住改革要点，推进教育教学管理改革发展，直接关系到高考改革的进程。高中学科教育适应新高考改革，着力点在于转变思想观念、创新教学方法、优化教学管理，并以此为切入点，更好地推进学科教育教学改革。

1. 转变思想观念，优化学科教育环境

为了更好地适应新的改革环境，提高学科教育教学水平，应转变思想观念，不断地优化学科教育环境。首先，转变学生家长对不同学科的看法，切勿对历史、地理等选修学科形成偏见，能够在学科选择上，尊重学生的兴趣爱好，以学生全面发展为导向，强化对各学科的有效教育；其次，优化学科的教育环境，建立更加完善的评价体系，实现有效的学科教育；最后，创新思想观念，能够以创新发展的视角，推动教育改革，适应新的高考制度，更好地构建具有自身特色的学科教育教学制度。面对新高考改革，在推进新高考改革制度的同时，也应注重学科改革的推进。特别是对于地理、历史、化学、物理等选修学科，其作为重要的基础学科，应在教育改革中得到足够重视。此外，高校在招生中，优化当前“学科过热、过冷”的两个极端，促进学科的平衡发展，夯实高中各学科的教育地位，这也是当前高中学科教育教学发展的重要内容。

2. 创新教学方法，突出学生学科核心素养的培养

新的改革与教育制度环境，要求教学管理要注重教学创新的推进，并在学科核心素养的培养中，夯实教学管理的重要基础。首先，教学方法是教学管理的重要载体，要在教学创新中推动改革制度的落实，这符合当前高中

教学管理的实际需求；其次，新高考制度更加注重学生综合素质的培养，突出学科核心素养培养，能够从新的教育思维中，根据不同学科的特点，在教学导入、教学质量控制等方面，将学科核心素养培养融入其中，提高各学科教学质量；再次，无论是语文、数学、外语必修学科，还是地理、物理、化学等选修学科，都应建立与之匹配的学科教学体系，保证各学科教学满足学生综合发展需求，能够在核心素养的培养下，更好地形成良好的教育教学环境。这也要求转变教学思维，能够立足学生能力培养，在灵活性教学中，促进有效教学实现。例如，在必修学科的教学管理中，要夯实其学科的重要地位，在兼顾的同时，引导学生立足自身实际情况，合理选择选修学科，以更加完备的教学管理体系，促进学生有效学习的生成。

3. 优化学科教学管理，加快教师队伍建设

以教师为主导的学科教育教学，弱化了教与学的互动性，学生的“学”与教师的“教”处于隔离状态，不利于有效教学的实现。为此，要优化各教学的有效管理，明确教学的角色扮演，让学生投入各学科的学习中。在新的教育教学环境下，高中学科教育教学应转变传统僵化的教育思维，转而以创新发展的视角，构筑学科教学的新空间。“学科核心素养”的培养，强调以生为本，以高效的学科课堂，促进学生有效学习的开展。首先，教师要转变思想观念，突破传统教学思维的禁锢，从学生出发，为学生的“学”提供优质的课堂环境，让学生被动学习的状态彻底转变；其次，转变传统学科教学枯燥的课堂形态，能够从生活着手，让丰富的生活元素融入学科课堂，增加学科的趣味性、生活性，拉近学生与学科之间的距离，激发学生的学习兴趣；最后，做好“走班”教学管理工作，能够在现有教学管理的制度上，针对选修课程造成的“走班”教学管理现状，建立更加灵活的管理方式。从教师管理到学生学习引导，都需要在教学管理创新中，适应新的制度。

四、结束语

综上所述，新高考方案的颁布实施，标志着新一轮高考改革的开启，对于全面深化教育改革，具有十分重要的意义。新高考方案以国家教育改革精神为指导，结合各地实际情况，出台了具有地方特色的新高考制度。不同学科的教育教学在此次新高考改革中，受到了一定影响，无论是学科地位，还是教学管理，都面临新的教育教学调整，要求进一步深化学科教学管理改革。在探讨中得出，学科教学管理适应新高考改革，应做好三个方面的工作：一是转变思想观念，优化学科教育环境；二是创新教学方法，突出学生学科核心素养培养；三是优化教学管理，强化“走班”教学管理，加快教师队伍建设，夯实教学管理改革的基础环境。

“双减”政策背景下学校减负提质的路径探索

昆明市第二中学、华山中学校长　张琼

2021年7月24日，中共中央办公厅、国务院办公厅印发了《关于进一步减轻义务教育阶段学生作业负担和校外培训负担的意见》，对减轻学生课业负担、减轻家庭校外培训负担提出了严格要求。为教育立本，为社会减负，为孩子减压的“双减”政策，引发了全社会的广泛关注。本文结合学校自身实际，阐述了我校从“作业”这一关键环节出发，以提质增效为目标，以提高作业设计质量和提高课堂教学质量为抓手，务实推进“双减”政策落地的经验与思考。

一、站在提质的高度去落实：提高作业设计质量

随着“双减”政策出台，作业成为学校教研的主题。在一定程度上，理顺了作业，也就理顺了教学。从一定意义上说，现阶段的作业设计与作业落实已经成了撬动教育变革的关键力量。但在具体的教育实践中，还有很多问题需要解决，例如，作业的关键内涵是什么？指向学科核心素养的作业该如何设计？有效的作业评价和管理该如何进行……真正实现以作业为切入点倒

推学校整体教学的提升道阻且长。

高质量的作业设计要满足不同学生的发展需要，即好作业是有特征的：量不必多却类型多样，不同学力的学生都有体验成就感的机会，常常聚焦同一个问题却让不同学生经历不同的思考过程、展示不同的结果……

针对以上问题的提出与解决，以数学为先导学科，我校在提高作业设计质量上尝试采用了如下方法。

1. 让学生拥有作业选择权，减量常规解题作业

“常规解题作业”是指常见的、以呈现结果为目标的封闭式单一性作业。常规解题作业侧重学生对所学知识技能的强化，重在训练。这种类型的作业有其价值所在，不能一刀切，而是要减“量”提“质”。

（1）选“好”题，辨析一道题包含的知识点容量

通常认为，常规解题作业重在“解”。但实际上练习的路径不只有“解”这一条，还可以让学生参与到选择、辨析“好”题中。对于一道好题的评判标准并非它能难倒多少学生，而是一道题是否由多个知识点结合而成，且所蕴含的这些知识点、能力点能否与学生的认知水平相匹配，是否能在体现一定区分度的基础上激发学生对学科学习的兴趣和对新知识的探究欲望。

这样的实践让学生参与了从“辩”题到选题再到解题的作业全过程，产生从被动接受到主动参与的变化，势必有利于作业完成质量的提升。

（2）比“结构”，题量较大时比较问题的相似性

在学习完某个知识点后，教材和作业册一般都会安排大量同结构的解题练习。当学生的基本训练目标达成后，就可以尝试让学生参与“定作业题量”活动，即观察一批习题，找出结构相同的题目，讨论通过后，只保留其中一两道题，将题量减下来。

这能让学生更加认真阅读题目并积极参与到辨析、讨论、选择题目中，提升解题、析题的能力，学生也为自己能决定作业量而获得成就感。

2. 满足两头尖学生的成就感，设计小量恒定作业

“小量恒定”就是将作业细分为很小的单位量，形成每日常规。我校数学组主要通过“每日一算”和“每日一题”实践。

（1）“每日一算”夯基础，谁都可以是计算达人

在一个班里，总有一部分学生数学能力相对较弱，获得肯定的机会少，学习积极性也随之减弱。但这些学生面对与教材同难度的计算题，在每日重复练习下完全有能力答对。

为了鼓励计算能力相对较弱的学生，初一数学组设计“每日一算”作业，即全体学生每天做两道计算题，重在夯实计算技能。题目一般由教师和学生负责人共同商定范围，然后负责人每天在教室后面的白板上抄题。负责人由学生自主申报，每人负责一周，不仅负责抄题，还承担督促全体学生完成的任务。

连续一周没有计算错误的学生，可免做下一周的“每日一算”。“免”字积累多的学生，期末将被评为“计算小达人”，奖励幅度和其他各类优秀奖一致。通过这样的作业评价方式，让学生感受到：优秀，只有类的“区别”，没有质的“差距”。学生对于数学学习的兴趣增加了，也逐渐克服畏难情绪。

（2）“每日一题”重拓展，你争我抢上榜台

为了让优生的思维得到拓展，初二、初三数学组设置了“每日一题”作业。

“每日一题”是每天一道思考题，难度高于教材要求，这类作业的设计初衷是让学生感受“跳一跳才能摘到果子”，学生可自己决定做不做。

“每日一题”作业的负责人也由学生自主申报，午间负责在白板上抄题；晚间课后辅导时负责抽时间讲解该题的解答思路。说题的过程是学生将自己的解题思考过程梳理、审视的过程，将大大培养学生的说题能力和逻辑表达能力。

同时，还在白板边侧开辟“解题成功榜”，每天解答成功的前10名学生可在成功榜上写下自己的名字。班里有一些调皮好动却爱动脑筋钻研难题的学生，平时也很少能在检测、课堂表现等方面得到表扬，这个动态变化的解题榜单让这些学生获得了积极的情绪体验。

3. 关注不同学生的喜好，设计可以“自由选购”的作业超市

“作业超市”，借鉴了超市的大型“自选”模式，是从学生的个体、群体需求出发而设计出来的。

“超市”中的作业层次丰富、内容齐全，充分给予学生选择的空间。既有基础性的解题作业，又有关注过程的探究性作业和回顾目的的复习类作业，甚至允许自定义作业。以数学学科为例，作业的内容涉及图形与几何、数与代数、综合与实践、统计与概率这四大领域的知识，尽量做到知识点全面。

作业的质量能清晰地反映出学生之间学力的不同，更是正确“差异观”落实的重要手段。教师不必纠结作业中展现的“差距”，而应该聚焦到如何设计作业促使学生进一步了解“世界”，了解“自己”，体验“成就感”，从而让学生走上良性的学习轨道。

二、站在增效的深度去思考：提高课堂教学质量

“双减”政策得以真正落实的核心在于提高课堂教学质量。课堂是学校教育教学的主阵地，“双减”之后要实现“双升”，就要求学生知识的获取和能力的训练基本上应该在课堂内完成。我们的课堂必须真正实现精讲精练，课堂教学要更加注重因材施教，满足学生个性化的需求。面对不同层次学生的要求，要实现精讲精练，课堂作业的设计就显得尤为重要。

课堂作业意义不容小觑，能保障学生的课后休息时间，而且作业就是练习，练习放在课堂上，紧跟在新知后进行，效果往往比较好——此时学生的思维最聚焦，练习的环境最宜人，最能学以致用或巩固提升。

在实际教学中，教师尝试后认为只要做到以下几点，课堂作业就能轻松顺利地完成。

1. 备课时应特意关注作业内容

日常备课时，教师在解读教材和教师用书之后，再把教材上、作业本上的练习试做一下，明确作业习题的总量、用意和难度等。在此基础上，考虑好作业习题的合理安排和教学策略，预想教学的时间。特别提醒，教师应尽量减少自己额外补充的习题，而是要将教材或作业本上的习题高质量地利用。因为习题越多，课堂作业越难实现。

2. 课堂中将作业整合进相应环节

在课堂上，教师可结合教学推进的过程，把原本作为课后任务的作业合理地分解到相应的环节中。比如，在完成例一教学后，就将课后作业第一大题作为尝试练习；再教授例二内容，课后作业第二大题就是例二相应的练习；完成两个例题后，用课后作业第三大题直接作为巩固练习……也可在例题教完后，几组练习一并布置。不管怎样的形式，到下课时，全部或大部分作业就已经完成。

3. 考虑学科差异提出作业要求

不同的学科，知识的容量和难度有差异，教学的目标和要求也有不同，所以，我们可以根据学科的不同，对课堂作业进行差异要求，如生物、地理等学科，所有练习均需当堂完成，不允许留任何课后作业。

“双减”的实质是减负、提质、增效，让教育回归育人本质。教师要紧跟教育改革的步伐，深入学习相关政策理论，尊重教育教学规律，尊重学生发展需求和个性化差异，多元客观评价学生成长，给予学生终身受益的教育。站在提质的高度落实提高作业设计质量；站在增效的深度思考提高课堂教学质量，是增强教学有效性的重要抓手，是促进“双减”增效的必要环节。面对“双减”政策带来的机遇与挑战，学校肩负着义不容辞的使命和责任。“双减”之路可谓“路漫漫其修远兮”，还须“上下而求索”。

以美育人，共铸润心

——铸牢中华民族共同体意识背景下中小学美育教育的创新研究

昆明市第一中学西山学校团委书记、行政办公室副主任　李燕菊

在铸牢中华民族共同体意识背景下，在充分发挥中小学美育教育的特色优势的同时，探索多样、丰富、有效的美育教学形式，巧妙融入中华民族共同体意识，在常规中小学美育教育中，促进中小学生对中华优秀传统文化的传承和交流，增强学生文化自信和价值观认同感，培养具有爱国主义精神和民族自豪感的新时代接班人，为建设社会主义现代化强国提供思想保障和精神动力。

没有美育的教育是不完整的教育，美育作为教育手段能净化人的灵魂，培养人高尚的道德情操，提高人的精神境界，促使人走向人格完美。中小学美术教育，是美育教育中最为重要的一部分，不仅仅是引导学生进行审美感知与创作，更能在教学中关注学生道德情操的培养，注重学生对民族自豪感和爱国情感的培养，让学生在学习和欣赏优秀传统文化的同时，认识到自己作为中华民族大家庭的一员应有的责任感和使命感。因此，在铸牢中华民族共同体意识背景下开展中小学美育教育之美术教学的创新研究是必不可少且非常重要的。

一、中小学美育教育的意义

悠悠中华五千余年，曾经的中国命运多舛，曾经的大唐万国来朝，举世瞩目；曾经的晚清政府懦弱无能，被列强瓜分，经历了苦难与奋斗。作为中华儿女，我们必须吸取历史教训，在当今变幻莫测的世界形势下，世界各国相互依存、命运与共的大背景下，只有构建起各民族守望相助、团结一心的中华民族共同体，才能形成强大的凝聚力和归属感，在面对外部竞争和风险挑战时，才能够以高度一致的态度和行动，齐心协力应对挑战、赢得未来。

我国是一个统一的多民族国家，民族信仰、民族习惯乃至语言都有不同，我们必须在铸牢中华民族共同体意识背景下，将中华民族共同体意识融入教育教学中，以美育人，共铸润心，让学生在课堂中领悟中华民族的精神内涵和文化底蕴，培养学生的民族自豪感和文化自信，树立学生的民族意识和爱国情怀，以实现中华民族伟大复兴梦为目标，培养具有中华民族共同体意识的人才，才能更好地发挥中华民族共同体的整体优势。

二、中小学美育教育的创新形式

1. 结合学科特色，深度融入民族人文历史知识，互相渗透，彼此促进

美术学科因其独特的学科特点，在教学领域中常常涉及人文历史知识，而在中小学阶段中，正是学生学业压力不断增加的阶段，美术课程倍受学生的期待与喜爱。

在中小学美术教学中，通过加强备课环节的深度与广度，结合课程引导学生深入了解中华民族的历史和文化传统。通过学习古代壁画、雕塑、建筑等艺术作品，让学生感受到中华文化的博大精深；通过讲解人文历史事件，历史古迹、人物事迹激励学生要向这些民族团结的英雄学习，学习他们爱国、无私奉献的精神和坚毅品格。在教学中，如“飞夺泸定桥”——连环画欣赏学习、“敦煌文化”——壁画欣赏与学习、“草原英雄小姐妹”——画故事等课程，让学生在美术课上了解作品的历史背景，感受中华民族奋斗历程中团结一心、不屈不挠的精神风貌，做到学科学习与历史人文的互相渗透与促进。

2. 传承优秀民族传统文化，开展“非遗”进校园，让民族共同体意识根植学生心田

优秀传统文化涵盖面极为丰富，尤其是少数民族非物质文化遗产，更是凝结先辈的智慧结晶，是中华民族团结一心留下的珍贵财富，更是全世界人民的精神财富。在新时代背景下的美术课，不再是简单的绘画课、绘图课，它融合广义的美术特性，贯穿了美育的精神。剪纸课、扎染课、泥塑课，一张带有美好寓意的剪纸，一条经过手工扎染的围巾，一件张着大嘴造型奇特的泥塑瓦猫……看似平常无奇，但无论工艺、图形、色彩、造型的设计都有着遵循了几千年来的形式法则与美学原理，在这些规律里恰恰也包含着中华民族特有的精神品质。

学生在美术课堂上感受“非遗”特色课程带来的民族艺术魅力，学习民间传承的工艺美术技能。在感受“非遗”进校园、进课堂的同时，学生学会包容和传承不同艺术形式，使美术审美素养得到提升，这不仅是民族文化的传承，更是民族精神的传承。

在“大美育”的背景下，充分结合教材开展非物质文化遗产进校园活动，不仅能将常规课上出特色，更能将凝聚着民族特色的艺术形式美，通过美术课堂，让学生学会理解这独有的民族情怀与审美情趣，真正让学生从内心感受到中华民族的博大精深，强大的民族自豪感油然而生，发自内心的爱国情怀和民族共同体意识也必将根植于学生的心田。

3. 以红色思政主题活动为背景，融入民族共同体意识，开展美术特色主题课程

在《义务教育艺术课程标准（2022年版）》中指出，通过义务教育艺术课程的学习，学生应达到：感受理解我国深厚的文化底蕴和党的百年奋斗重大成就，传承和弘扬中华优秀传统文化、革命文化、社会主义先进文化，坚定文化自信，铸牢中华民族共同体意识。美术学科，本身就是一门对思想意识和心理活动进行表达的学科，在教学中，学校常常结合重大活动、重要节日等开展主题美术活动。在主题美术活动教学中，可以结合革命历史故事、时代精神追求，将民族共同体意识融入作品构思创作中，通过构思、表现，得到情感升华。

新时代条件下，将重温长征路上红军和各民族的美丽故事进行艺术表现，不仅有利于我们更好地继承和弘扬伟大长征精神，而且对于促进各民族共同团结奋斗、共同繁荣发展，铸牢中华民族共同体意识具有重要意义。熟悉教材，巧妙融合，结合重大时事，提升思想境界。在学生成长阶段，通过美术课，树立对党、对国家、对人生的责任感，培养正确的审美价值取向，才能真正落实教育“立德树人”根本任务。

4. 活动促交流，交流促繁荣，繁荣筑意识

五十六个民族，五十六朵花，在多民族背景下，不仅有不同的风俗，也形成了丰富多彩的民族文化。云南省拥有丰富的民族资源，在校园艺术节、校园美术作品展、校园时装秀等艺术活动中，深挖民族资源。通过开展活动，将丰富多彩的民族文化搬上舞台，让学生来创作，让学生来展示，让学生来交流……学生有机会接触和学习不同的文化和艺术形式，学会相互理解和沟通。同时，也可以组织学生走出校门，参观博物馆、美术馆等场所，领略祖国的大好河山和文化遗产。

在多样的活动中，学生能真切地感受民族自豪感，在交流与传承中，更能体会到祖国的伟大与繁荣昌盛，让民族共同体意识根植于心，浸润心灵！

三、在多元红色思政美育课程及活动中铸牢中华民族共同体意识

我们在面对时代挑战和机遇时，必须通过传承、创新和发展来实现自我完善和进步的精神追求。在铸牢中华民族共同体意识背景下，以中小学美育课程特色为切入点，融入中华民族共同体意识教学，探索多样、丰富的教学形式和课程，深挖多元红色思政美育课程及活动，培养学生民族审美认同感，增强民族情感纽带，弘扬民族精神内涵，传承民族历史记忆，促进民族团结和激发学生的民族创新发展意识。

多元红色思政美育课程及活动可以围绕传承红色基因、讲述红色故事、展示红色文化、参观红色文化遗址、参观红色革命纪念馆等，让学生亲身感受红色文化的魅力和历史的厚重。同时，也可以组织学生参与红色主题的文化艺术表演、展览等活动以增强中小学生对中华民族的认同感和自豪感。课余时间，积极开展社区志愿服务和社会实践活动，进一步加强中华民族共同体意识的形成，增强中华民族共同体意识的凝聚力，同时，还能够增强学生的社会责任感和团队合作精神，为中华民族的繁荣和发展做出积极贡献。

总之，在丰富多元的美育课程开展中，在传统文化与红色思政活动的践行中落实以美育人、以美化人、以美培元，实现美育的育人本质，让学生深刻认识自己的身份和使命，才能更好地培养出具有爱国主义精神和民族自豪感的新时代接班人！

教育故事篇

满腔赤诚育桃李
心向教育终不悔

修己安人，琢玉成器

——一个乡土校长的成长故事

昆三中东川学校书记、校长　高俊

一、我的故事——一个县中校长的成长历程

我生于1977年，土生土长的东川人，在一个普通工人家庭里长大。2000年从云南师范大学物理系毕业后，回到家乡，成为一名光荣的人民教师，进入东川三中（现东川一中）工作，21年来干过与中学教学相关的几乎所有工作。教书21年间，我担任班主任4年、教研组长9年、办公室主任2年、教务副主任7年、教科室主任2年、教学副校长3年、校长4年、支部书记3年。其间没有大起大落，典型的一步一个脚印，从一粒种子开始生根发芽，历经春夏（还不敢谈及秋冬，只经历过春耕夏耘，尚未见秋收冬藏）。

21年来，我经历过5位校长，他们各有所长，都很优秀，在他们身上我收获良多。如果用四个字来概括他们的特点，我想应该是这样的。

1. 许家荣校长：学究、家长

说他学究，是因为他身为校长，还任教高三毕业班的政治课，说他是我很敬佩的老师，不光因为他写得一手好字，更重要的是他本人就是一个励志故事的典型。他原是东川矿务局一个普通的产业工人，经过坚持不懈、奋力拼搏，成长为老东川一中优秀的高中政治教师，老东川一中副校长，东

川三中校长，为东川三中开创了一条极具特色的发展之路。2000年，我刚刚入行，许老师很关心我们这些青年教师，经常嘘寒问暖，寻问生活情况，包括个人问题也考虑在内，不仅如此，偶尔还会带领我们买了食材到他家里自己动手做大餐，小酌一杯。当初的那帮青年教师如今散落各处，有调到云师大附中的徐文莉老师，有调到官渡区教科所任教研员的秦晖老师，有在东川明月中学教学的方弥波、李发能等几位老师，我非常享受和许老师在一起的3年时光，当时我们没有“青蓝工程”，但我不得不承认，许老师是做“青训”工作的高手，是极其重视“青训”工作的校长，因为他知道，东川的优秀教师只能靠我们自己培养，还要想办法把他们留下来。在他身上，我看到：关爱下属，促其成长。

作为一个教学新手，我在上完第一个高一年级时，虽然这一年成绩不错，但学校还是决定在高二学年安排我任教文科班的物理，由更为成熟的教师去承担2个理科班的教学工作，这意味着我将不能陪伴我心爱的学生走到高三，走进高考的考场，我当时感觉十分委屈，感觉9月的晴空都是灰暗的。许老师很敏锐地察觉到了我内心的变化，有一天他把我叫到校长办公室，对我讲了一句话：“调了你的班级，生我气了？”我低头轻声回了一句：“没有。”他补了一句：“别那么没出息，回去上班吧。”一个星期后，他力排众议，使我回到了我心爱的理科班的讲台，在我们几位教师和学生的共同努力下，在2004年的高考中这个班获得了不错的成绩，其中一个学生现在是我们东川区一个乡镇中学的物理教师。这件事我刻骨铭心，或许对于一个完中、大校而言，个别青年教师的不良情绪只是件芝麻绿豆大小的事，但对这位教师的专业成长来说，是头等大事，一旦自信心受挫，可能会严重影响青年教师的发展势头，甚至从此一蹶不振。我当了校长后，真正体会到作为一名学校领导要会沟通交流。

有一次，校长办公室来了几个客人，他们是东川区金沙公司来的工程师，是许老师的老朋友，许老师把我叫到校长办公室，介绍认识以后，交给我一份英文的传真件，告诉我这是几位客人带来的，让我拿去帮他们翻译一下，我居然大胆地接受了这个几乎不可能完成的任务，凭借我高考30多分的英语底子，大学英语CET3级的水平，和我长期使用、维修计算机积攒下来的一点词汇量，外加当时学校唯一的一条互联网线，两个小时以后，把我人生第一件翻译作品摆到了客人的面前，那一天，客人们很高兴，许老师也很高兴。

说实在的，我没想到我还有这种能力，我凭着一股初生牛犊不怕虎的精神完成了这个看似不可能的任务。我深刻体会到：任务驱动，潜能无限。

2. 王志平校长：谦逊、儒雅

2003年，我在三中遇到了我教育生涯中的第二位校长——王志平老师，他和老师相处从来不端架子，初到三中时，王校长骑着一辆“五羊牌”摩托，甚至有刚分工的小年轻伸手打他的“摩的”，要出两块钱从三中坐到城里，当然摩托是坐了，但王校长没收他的钱。记得后来摩托换成了桑塔纳，我们经常能在半路搭上“桑塔纳的士”，那辆老爷车常常是满载，而那些年三中教师们的自觉性、主动性很高，很少有人推诿扯皮，工作安排阻力很少。这让我懂得：礼贤下士，用命者众。

2004年，我27岁，学校安排我担任物理教研组长，在当时，在一所完中、大校，我是校内最年轻的教研组长，我是组内最年轻的老师，仿佛我就是东川三中最优秀的物理老师。2004学年我一个人承担高二、高三4个理科班的物理教学工作，个人每周课时24节，还不算早、晚、夜自习和周末补课，总计将近40节课。这让我意识到：肯定和鼓励是最好的助推剂。

2005年，我被安排担任学校教务副主任，那是领导对我的充分信任和肯定。我下载软件，安排全校200位教师的课程，参与各种考试的布置，同时丝毫没敢放松自己的专业成长。现在想来，这和当时学校对我的重视和足量的工作安排是有紧密联系的，帮助我保持了良好的生活习惯，也让我看到：知人善任有眼光，加压挑担促成长。

3. 姚永万校长：精明、干练

2012年，我在东川一中遇到了姚永万校长，初到之时，姚校长亲力亲为，带领学校后勤部门检修、改造学校的水网、电路，同时倡导、要求教职员工发扬主人翁精神，办公室里杜绝出现照不到人的灯泡和无人值守的电脑，极大地减少了各方面的浪费，为学校的运作节约了成本。从此，我学会：开源节流，颗粒归仓。

姚校长要求每周日晚间召开办公会议，而且每天早读前10分钟集体到校，开展晨会、巡查校园、巡视课堂，提高课堂教学标准、严格要求，许多人不适应，但他不为所动，坚持了下来。另一方面，配套措施也跟上，姚校长想办法改善教师待遇，开展工会活动，为教师们的爱车搭建车棚，凝聚人心。这让我懂得：刚性制度，人文关怀。

2013年，学校将我从教务副主任调整为教科室主任，变更了我的工作部门和工作环境。我当时感觉很突然，我在想是不是我做得不够好？我哪里做错了？当然这都只是我个人的想法，最终也没有去求证。我的“乱想”使我低迷了大约2个月时间，最终经过自我调整，又轻装上阵、勇往直前。这件事让我体会到调整任免，慎之又慎。

4. 普朝文校长：严谨、实干

2014年，我被局领导安排到东川区绿茂中学担任教学副校长，在这里我遇到了普朝文校长，每天早晨，他总是第一个站在校门口迎接师生们的到来；每天午休后，他总是第一个起床巡视师生们的出勤情况；每天夜自习结束，他总是拿着手电筒巡视完校园最后一个入睡；作为一个副手，我天天陪着他做好这些看似不起眼但极其重要的工作，两年时间让我体会到：榜样的力量不容小觑，以及身先士卒，率先垂范。

那时的绿茂中学，学生少，经费很紧，2块钱一吨的水对我们来说是笔大开销，因为小账不可细算，一年下来三四万块钱，为了能节约一点经费添置设备，做师训工作，在学校有接待活动的时候，我们都会先计算成本。我深刻体会到学校是个大家庭，校长是个当家人，所以我们要：省吃俭用，精打细算。

5. 周明兴校长：宏观、大气

2020年8月，我调回到东川一中担任教学副校长，做明兴校长的副手，回到一中，回到我工作生活14年，见证过我最好的岁月，记载着我许多故事的地方，自然是高兴的。但我也有我的顾虑，我和明兴校长虽然很熟悉，但从没在一起共事过，来自完全不同类型的学校去搭班子，说实在我不太确定我们相处是否会愉快。但在1个月后，我的这些顾虑就烟消云散了，因为我看到，明兴校长虽然没教过高中，但带队伍、带班子的能力独树一帜。

近一年来，一中规划了室内篮球馆的建设项目，新改造了学生舞台、英语角、师恩大道、文化长廊，环境的改善有目共睹，此外明兴校长还想办法单设教职工食堂改善教职工伙食，教师的在校时间不知不觉就延长了，而教师的在校时间长了，最终受益的人一定是学生。这让我领会到：作为校长，一定要抓大放小，粗中有细。

规矩往往是为一小部分人制定的，对坏人的放纵就是对好人的犯罪，回到一中这大半年，我们确实也遇到过无视规矩、破坏风气的害群之马，也遇到过出工不出力、教学中滥竽充数的南郭先生。面对这些极少数，明兴校长寸步不让，身为一中党总支副书记、纪律委员，又是分管教学副校长的我，陪着他一起对成绩排名末位的学科组进行质量谈话，教学成绩有了起色；对部分无视规矩的教师进行单独约谈，起到了明显的纠正效果。明兴校长的魄力深深影响着我，记得有一次，我们利用晚间召开党支部民主生活会，有个别老师很不像话，会议期间不关电话声音，发言时又不知所云，评价同志时含沙射影、指桑骂槐。会议结束后，我把大家留了下来，批评了他20分钟。那一天，教师们见到了我的另一面，不过从此他所在那个年级清静、安宁多了。这也让我明白：有勇有谋，敢做敢当。

明兴校长是东川区年青的老校长，有很好的人脉基础，这大半年来，我见证了他是如何践行东川教育“12345”发展方略，特别是在整合5支力量方面。为了解决教师的福利，为了给初高中毕业班学生、教师改善待遇，他拼尽全力使出浑身解数，最终目标达成。这感动着我，也让我更加明白：周边关系，梳理得当。

在我任校长时，每当遇到困惑、不解、疑虑，我常常会静静地回想，回想我所经历过的这些前辈、老领导们的行事方法，从他们身上去寻找答案，给自己以肯定，找到自信。

6. 耿宪笙校长：学者风范

耿老师来自昆明，毕业于昆明师范学院，他将一生奉献给了东川教育事业，直到退休，一直坚持在高中数学一线任教，一直是我心目中高中数学教师的第一名，听耿老师的课，感受的是大家风范，分析在理、丝丝入扣，不粉饰、不做作，让人觉得酣畅淋漓，豁然开朗。

生活中，我在校园内外、街头巷尾遇到他老人家，总是会很礼貌地叫一声“耿老师”。而他总是对我点点头，回我一个温暖的微笑，我很享受这样的微笑，这令我整天心情舒畅，总期望能多遇到他几次。

耿老师教过我们家两代人，我和我父亲，虽然只教过我短短一个月时间，在耿老师的众多学生中，我和父亲都属于平庸之辈，父亲初中毕业参军入伍，我也只是考入云师大，但这不妨碍我们父子两对他的敬仰。我清楚地记得，在我收到录取通知书后的一天，父亲下班回到家，红着眼圈对我说：“耿老师给我写了一封信。”我们打开一看，信上写着：高俊同学的家长，祝贺你！并感谢你为学校培养了优秀的学生……那一天父亲哭了，那是我第二次见到这个七尺男儿流眼泪。当时我就暗暗地想：我以后当了老师，一定要努力成为一个像耿老师那样深受学生和家长爱戴的人，最好我也能有机会给我的学生家长写那样的信。

岁月流逝，许多印象都已经模糊了，我想我只能借用林则徐的那副对联来形容我的老校长，那就是：青山不墨千秋画，绿水无弦万古琴。

二、我的理想——一所好的学校该是什么样

1. 校园环境

（1）学校的由来

校=木+交，学校源于人们坐在树下交流，所以，校园环境很重要。

（2）文化氛围

校园文化建设忌多、忌花，非一朝一夕之功，应当有总体规划，长远规划，慢慢形成。

2. 校长

（1）生于忧患，死于安乐

赢＝亡+口+月+贝+凡，学校要生存发展，校长就应当具有忧患意识、有口才、有时间观念、有理财能力，还要有一颗平凡的心。

（2）抓两头，促中间

人的时间和精力是有限的，校长要管最大的事（这是学校发展的方向），要盯最小的事（这关系到落实），中间的就让副职和中层去干吧（这样才能为学校培养人才、提升团队能力，为学校发展提供源源不断的内生动力）。

（3）守校和外联

守得住校园，上得了课堂，社会关系，打理得当。

（4）听课和转课

与其说是去监督大家，不如说是让大家都看到你，知道你一直都在陪伴。

（5）选人和用人

例如《西游记》取经四人组，知人善任。

（6）教师培训

梅贻琦说：“所谓大学者，非谓有大楼之谓也，有大师之谓也。”教师

培训方面，开展了地平线计划、天空计划、星空计划，主要针对青年教师的培养和骨干、名师的成长。名师成长的四部曲是授课、反思、阅读、写作。

（7）务实与务虚

学校要发展，目标很重要（没有目标，任何风向都不是顺风），教师都是凡人。

3. 管理

（1）规划

为学校发展勾画愿景，变化总比计划快，规划的过程远比结果更重要。

（2）制度

为学校发展奠定基础，约束的都是老实人，形成的过程远比执行更重要。

（3）文化

为学校发展凝聚动力，看不见的才是致命的，心理契约才是文化的核心。

（4）教师

为学校发展夯实后劲，先人后事才是行动的起点。

（5）课程

为学校发展积淀特色，社会总是功利的，理念落地才是建构的路径。

4. 教师团队

人生而不同，每个生命都是一个传奇，都是独特而不可复制的，所以我们要做到以下几点。

（1）守规则

这是做人做事的底线。

（2）重实践

强化执行力，用心用力做事。

执行力就是把目标变成行动，把行动变成结果的能力。对个人而言，执行力就是办事能力；对团队而言，执行力就是战斗力。衡量执行力的标准，是按时、按质、按量完成自己的工作任务。

（3）不内卷

内卷，通俗地说就是非理性的、不良的内部竞争。

一个人走得快，一群人走得远吗？一个团队才走得远！

各美其美，美人之美，美美与共，天下大同。

（4）不躺平

躺平是个网络流行词，指放弃抵抗现实生活，过着低欲求、低成本的生活，虽然有一定的经济来源，也有一份较好的工作，但是已经放弃了拼搏。

5. 师生关系

亲师信道，教学相长。

6. 学校的良心

一所学校的良心、一个校长的良心就体现在学校的课堂和食堂。

教育，点燃一把火

昆明市盘龙区明致实验中学教师发展中心主任　李申磊

在素质教育改革的大背景下，如何培养学生的综合素质，帮助学生树立正确的价值观变得尤为重要。作为教育工作者，我们也一直追求让每一个学生成为一个有理想并为之不懈努力的学生。如何让学生心怀梦想并为之不懈努力呢？苏格拉底说：“教育不是灌输，而是点燃火焰。”这给我们提供了很好的借鉴。

教育是什么？《教育的智慧》一书中说：“教育是发展人的生命、生存和生活，促进人类文明进步的社会活动过程。”换言之，教育即过程，过程及教育，教育是一种方式，让人成长的方式（生活方式）。教育的终极价值是使人成为“人”，成为幸福的人。

“教育不是注满一桶水，而是点燃一把火”。“教育就是‘教真育爱’，‘教真’就是要崇尚真理，传承真理，求真知，传真知，学真知，做真人，行真事，就是使受教育者认识真理，追求真理，为真理而奋斗，使受教育者求真知，做真人，做真事。”这是书中对于教育价值的判断，教育的价值在于生命的价值、生存的价值、生活的价值。

怎样让学生在求真、追美、向善的道路上大踏步地向前呢？怎样点燃学生心中的火，让学生在理想的环境中成长呢？我想书中要说的一点也是很多成功者都具备的——理想、梦想、追求。一个有理想的学生，是执着前行的人；一个有梦想的学生，是敢于面对现实的人；一个有追求的学生，是不惧怕泥泞的人。

那么在实际的教育教学过程中如何才能更好地给学生一个“梦”？下面就我在教育教学中的一些做法谈谈我的认识。

一、引燃理想之火，让学生带着梦想去飞

每个人都是有梦想的，有梦想不难，难的是实现梦想的过程；实现梦想的过程不难，难的是在这个梦想上加的筹码（时间、精力、财富等）。很多人都是有梦想的，在最初的时候，梦想是那样的强烈、那样的单纯，甚至是那样的执着，从未想过放弃。

可是是什么让我们的梦想变质，我们曾听过很多关于梦想的故事，比如，一个想当画家的学生却成了一个清洁工，成了城市的美容师，装点了城市，此后坚持把自己每天所见所想变成自己的作品，最后实现了梦想，成为城市的设计师。

让学生发现自己的梦想，我想是梦想开始的第一步吧！

高中生面对的最大的一个问题就是高考，大学是他们梦想的“伊甸园”“象牙塔”，由此，我利用这一点在开学之初利用十一假期，布置了一篇题目是《我的大学》的作文。

记得有一位同学在作文中这样写道：

浙江大学，纪念夏日与你的偶遇。夏末秋初，我见到了让我一见倾心的你。只是校门口蓦然地回眸，疾驰的汽车将你的容貌定格在某一个恰到好处的角度。

优雅从容，没有丝毫浮华的锈蚀。你呈现给我的，是一份之于学术淡漠从容的专注。我看到来来往往的学子，他们的眼眸中透露出清澈的自信，骄傲的憧憬。旭日的光华悄然浮上他们的脸颊，那是灼灼的温度。

你之于我，仿佛是危楼高百尺的星辰，在梦想的辽阔星空中散发着妖冶而冷酷的光芒。我从高高的分数中看不到你的淡雅的笑靥，我甚至嘲笑过自己痴心妄想的偏执与不知天高地厚。

然而，当你的色调已成为我生命的背景，当你的音符已成为我梦想的讴歌。我不怕未来的凄风冷雨，我不怕未来悲伤何如，坎坷几何，因为我坚信有一天，我总会像他们一样，用嘴角扬起骄傲的弧度。站在那座不失古朴的现代小城，我的目光不再游离如昨。执着的目光融汇了信仰的灼热与渴望的祝福，以超越光速的速度，我已坚定启程。

浙江大学，我的梦。你拥有梦的迷蒙，梦的唯美，梦的凄清。你拥有梦的光华，梦的温度，梦的感动。我会用毋庸置疑的行动，让你的迷蒙日益清晰成青阳万丈的夺目；我会用毋庸置疑的行动，让你的唯美流淌于生命的每一处角落；我会用毋庸置疑的行动，让你的凄清倒映出静寞的安好流年。有天地存证，我的青春绝不仅仅是一瞬间沸腾汹涌的感动。与日月争辉，我的梦想终有一天会玉壶光转，凤箫声动。

浙江大学，此时此刻，你便是我最美的梦！

浙江大学，终有一天，你不会仅仅是梦！

看到这样的文字我感动了，发自内心的感动，被这份理想的思考感动，被这种人生的思考鼓舞。

我不知道这个梦到底能不能实现，可就是这个梦让这个脆弱的女孩度过了最艰难的阶段，高中离家不适应，孤独感、寂寞感、离家的思念、朋友的离开都冲击着她。可当和我谈到浙江大学、谈到大学生活、谈到理想的未来，她是兴奋的、眼神中充满力量的。我想她是有理想的，我想她会勇敢面对一切的。

梦想是心中的一团火，是读过寒窗几年的动力之源，这团火需要我们用心引燃。我想是一份对理想的执着，让她走过了那段“最黑暗”的时段。到了高二理想成了加油站，当每个人看到自己的那篇文章时会怎样，一团火焰会燃烧。

给学生一个梦，学生会还你一个奇迹！我相信，而且深信不移。

实现梦想的道路是艰难的，在前进的途中会遇到各种各样的阻挠，我们无法回避，应对的最好方法就是面对，李开复曾经说过自己的座右铭是“能够有勇气面对可以克服困难和挫折，能够勇敢地接受竞争和挑战”，我们要为这个梦想不断地注入能量。

理想教育即梦想教育，要的不是梦想，而是追梦的过程。让每个人心中都有一个梦吧！

后来有感于这篇文章，我在自己的感悟中写道：

给明天指出一条路，给未来一点希望，勇敢地站起来吧！

为师者，别无他求，无非读点书，写点文章，唯望得天下英才一二教之。

每当看到这句话我都会有种心潮澎湃的感觉，每每站在课堂上都有数不尽的激情填充，我是一个普通人，是一名普通教师，然而我每天却在做着不普通的事——编织梦想，成就梦想。我们的手中寄托着明天，满载着希望，这希望需要我们点燃，点燃理想的熊熊烈火，把人生点亮。相信，给学生一个梦，他们会还我们一个奇迹。相信我，相信你！

二、点燃爱的火焰，为梦想注入血液

给学生一份温暖，让教育多一份温情，让梦想多一份温情。

教育应该是充满温情的，教育应该给学生一份温情，这种温情不是溺爱，不是呵护，而是一种用心的关照，这种温情是对生命的珍视，是对生活的向往，是对存在的感知。有了这份温情，梦想之路也就多了一份温暖。

试想一个爱父母、爱朋友、爱社会、爱自然的人会是怎样的一个学习者，或者说怎样的一个学生？为了自己最珍惜的人，自己的潜能也会很好地发挥。

就拿“回家给父母洗一次脚”这个实践活动来说，去年我也安排学生回家做，很多学生做了，而且把这件事变成文字，有一个学生这样写道：

我低着头用心地洗着。妈妈的脚上皮肤很干，皱纹很多，有的地方都生出了老茧，摸上去厚厚的、硬硬的，妈妈，为了我，你是多么辛苦啊！我的眼睛有些湿润了。空气中弥漫着水汽，我们都没有说话，静静的，只听到毛巾从水里拎出来的声音。妈妈的脚洗好了，我拧干毛巾，把脚擦干：“妈妈，洗好了！”我抬起头，兴奋地看着妈妈。妈妈微笑着，可是我分明看到她的眼睛里亮晶晶的。

这就是爱的体验、爱的过程，我们寻求的不是洗脚的结果，而是这个过程，是这个过程带来的成长，是这个过程带来的爱的滋养。爱是一个过程不是一个结果，梦想在这爱的滋养下也会茁壮成长，我想这或许算是一种情感态度价值观的养成吧。

还记得那次吃水饺，是一个周六，很多学生没有回家，在这样一个时刻，我明白是他们最需要我的，先是带着大家观看了电影《父爱如山》，和大家坐在一起谈论起自己的父亲，很多学生谈着谈着流泪了，说此前也是没有理解自己的父亲，没有体会到父亲的爱。听着他们的谈论，时间过得很快，大家都没有吃饭，在他们谈论的间隙，我偷偷地订了几十斤水饺，知道他们想吃了，早些时候就听说了，当水饺送到时，他们眼中充满着欣喜。后来有学生在周记中写道：“老班，你知道吗？我们永远忘不掉那次吃水饺，你让我们知道了，你和我们在一起，放心吧，我们会努力，一起实现我们的大学梦。”

很简单的一次师生交流，却无形中让我们在梦想的大道上注入了新的活力和激情！

再者，我想在和学生的交往中，平等的师生关系是关键。这也是许多教育专家提到的，而我想和学生平等的前提还应该是走进学生，了解学生。这种平等的关照实际上就是一种温情，真切地让学生感受“良师益友”在身边，而不是一个说教者、唠叨者、传授者，而是谈心者。现在很多学生喜欢动漫，早先我没接触，可后来很多学生在作文中提到一些具体的动漫内容，起初我不屑一顾，甚至有厌恶，可后来一个男生说某部动漫作品改变了他对生活的态度，我便开始了动漫之旅。在那里我看到了他们对梦想的执着、对困难的无谓、对生活的乐观、对伙伴的珍视……后来在班会上，在课堂上，我总会和他们交流有关动漫的故事，动漫就成了我们梦想的加油站，就成了师生间沟通的媒介。

有时想教育就是“理想教育”，就是“梦想教育”，就是大家从此岸到彼岸的航行过程，就是互相关爱、合作、了解、沟通。“教育是以人为主体的，真理性的，富有大爱之心的社会实践活动，是人与人主体间的知识传授，生命本质领悟，意志行为规范和社会文明传承的过程”。一个有梦想、有理想的学生是幸福的学生，是成功人生的开始。而这份梦想需要我们教育者用心去关照，有心去点燃。

每个人心中都有爱的种子，每个人都有梦想的寄托，需要我们去发现、去挖掘。

一个有理想并为之不懈努力的学生是好学生，这是对幸福人的追求。

一个有眼泪的学生就是好学生，这是内心爱的涌动。

教育不是万能的，但教育是唯一的，它是唯一真正在促进人的发展和引领社会的进步，教育让人越来越勇敢，越来越独立，越来越进取，越来越自由……用教育给学生一片梦想的天空是我们义不容辞的责任。

教育本身是一个发展变化的过程，教育的主体也是一个发展变化的过程，而不变的是规律，是教育的本质，回归教育的本质，让教育多一份温情，让每个学生带着梦前进。

一个有理想并为之不懈努力的人是幸福的，让我们用心做一个幸福的人，做一个创造幸福的教师。

我想我会用毋庸置疑的行动，坚守自己心中美好的教育理想；

我想我会用毋庸置疑的行动，让自己的教育故事更加精彩；

我想我会用毋庸置疑的行动，让学生心中涌动青春的激情，彰显生命的活力；

我想我会用毋庸置疑的行动，让我们的梦想在青春的舞台上熠熠生辉，描绘一幅壮丽的生命画卷。

教育的最终目的是育人，只有热爱教育，排除一切私心杂念，有深切的教育情怀，用心做教育，纯粹做教育，教育改革才能坚持下去。教师内心深处必须有对教育本质的绝对敬畏，必须有对教育的正确理解，才能有自己正确的教育主张和对教育价值的追求；只有对教育价值的深刻认知，才能真正体悟出什么是学生的自我发现、自我成就、自我管理、自我教育。在此基础上，教师才能真正摆脱只注重知识传授，自以为是做简单机械的知识搬运工的错误认识。教师的眼光必须从自身习惯的知识传授上，转移到以学习为中心，以学生成长为中心，以学生自我实现、自我教育为中心的育人本质上。这需要我们每位教师不断地去学习、去适应，需要持续的价值观培养和长时间的改变才能实现。

七年级主题班会设计

禄劝民族中学副校长　杨宏

主题班会是根据教育教学要求和学生的实际情况确立主题、围绕主题开展的一种班会活动，除班级开展的常规班会活动之外，学校层面也应该针对初中各年级的特点和学生的发展状态开展主题班会活动，主题班会的精心设计和认真组织，有助于调动学生积极性和促进学生健康成长，是学校德育工作的重要组成部分，是立德树人的重要抓手。

一、学生心理特征分析

七年级学生刚刚跨入少年期，身体发育、知识经验、心理品质方面依然保留着小学生的特点。顺利时盲目自满，遇挫折时盲目自卑，有从众心理。不愿让大人管，但在学习和生活中遇到困难时，还希望得到教师和家长的帮助。

二、确定班会主题

针对七年级学生的心理特征，班会主题设定为：立德、立志、拼搏、成才！

三、班会内容设计

1. 立德

立德树人作为教育的根本任务，良好道德品质的养成是对于七年级学生来说最重要的内容。如何养成良好的道德品质？我认为要做好以下三个方面：明大德、守公德、严私德。

（1）明大德

明大德，就是我们在国家、民族大义方面要能明辨是非、恪守正道，以国家利益为重、以民族利益为重。

通过观看近代中国的一些视频，让学生体会到中国的近代史是一部屈辱史，在半殖民地半封建社会人们是生活在怎样的水深火热之中。今天，正是在中国共产党的领导下，我们从贫穷落后、受侵略、受压迫的旧社会变成了今天安定、幸福的社会主义国家；正是在中国共产党的领导下，国家为我们提供了资源，我们可以安心地学习生活。

明大德就是希望学生勿忘国耻、铭记历史、努力学习、振兴中华，把我们的祖国建设得更加强大，让我们的祖国以更加昂扬的姿态屹立于世界之林。

（2）守公德

公德就是自觉履行现代社会对公民的道德价值要求。我们守公德，就是使用文明语言、遵守公共秩序、爱护公共财物、保护生态环境，就是助人为乐、遵纪守法。将“自由、平等、公正、法治”作为个人价值准则。

适当向学生介绍部分法律知识，有助于培养学生的法律意识，避免在今后的学习生活中产生违纪情况。

（3）严私德

私德常指个人修养、行为习惯以及与他人相处的道德规范。要严格约束自己的操守和行为，将“爱国、敬业、诚信、友善”作为个人价值内涵。一个人的道德水准和素质高低不仅体现在同社会关系的交往中，更与人们独自活动、无人监督下的自律意识密切相关。私德是悬挂在心头的一记警钟，时刻提醒自己的行为要符合道德规范。

坚持从小事小节上加强修养，从一点一滴中完善自己。培养和强化自我约束、自我控制的意识和能力，做到老老实实做人，踏踏实实干事。坚持“不以善小而不为，不以恶小而为之”，坚持以诚待人、以信取人、以理服人、以宽容人、以和处人，这样才能不断领悟德行的真谛，真正成为一个品德高尚的人。

2. 立志

进入初中，学生就进入了短暂美好的少年时期，小学我们称之为童年，高中我们称之为青年，初中就是我们的少年了，少年是人生中最短暂、最阳光、最具活力、最青春靓丽的年华，少年更是我们立志向、开始追逐梦想的起点。

（1）知识的重要性

知识开阔了我们的视野、锻炼了我们的思维、提升了自身的素质，促进了人类文明的发展进步。

通过观看一些新闻，如中国神舟载人飞船系列视频，让学生体会到知识的重要性，正是因为知识，才不断推进了科技的发展和社会的进步，让学生保持一颗对知识、对科技的探索之心。

（2）知识改变命运

我们学校的学生大多数来自农村和乡镇，很多学生第一次出门到达最远的地方就是县城，对于外面的世界没有任何感触，体会不到努力学习对于今后生活的重要性。通过向学生讲述身边一些真实案例，让学生体会到知识能改变命运。

（3）树立目标

详细向学生介绍初中学业考试的14门学科和分值，以及各学科的考试时间和科目设置情况，比如，七年级开设哪些科目；八年级要新增物理科目，以及地理、生物、信息、劳动技术要参加中考；九年级开设化学科目等，让学生了解初中学科的开设和分值的设定，同时让学生对初中学业水平考试各科成绩达到什么水平才能实现自己的目标有一个清晰的规划。

3. 拼搏

要实现目标，就应该具备拼搏的精神和坚强的毅力。

（1）拼搏的精神——自律

自律，指在没有人监督的情况下，自己要求自己，变被动为主动，自觉遵守制度，用它来约束自己的一言一行。自律并不是让一大堆的规章制度在层层约束自己，而是用自律的行动创造一种秩序来为我们的工作、生活争取更大的自由。

自律的三个方法：一是设立具体目标，坚持无一例外原则，为自己定的每一个目标进行量化；二是一次只完成一项任务，不要过多消耗毅力；三是把挑战分解成小而易于管理的目标。

（2）坚强的毅力——面对各种挫折

挫折是指人在通向目标的过程中遇到难以克服的障碍或干扰，是目标不能到达、需要无法满足时，所产生的不愉快的情绪反应。它的特点：一是普遍性，任何人的一生都不可能是一帆风顺的，起起伏伏、苦乐交织是常态，不是只有你有挫折，挫折是每个人都会经历的，是一个普遍存在的事实；二是必然性，在中学阶段，我们都展开理想的翅膀向往着美好的未来，但人生的道路往往迂回曲折、坎坷不平，挫折是必然会出现的。

了解了挫折的特点，有助于我们正确面对挫折，让学生具有坚强的毅力，具有承受挫折的心理准备，具有化解不愉快心情的能力，最重要的是在遭受挫折之后能勇敢地站起来。

4. 成才

学生的成功，除自身努力外，与学校的管理密不可分。

通过向学生解读学校各类管理规定，让学生对学校管理有详细的了解，避免出现违纪违规现象。对于七年级学生来说，安全意识还很淡薄，加强学生安全教育，让学生敬畏生命，热爱生命，珍惜生命。

四、结束语

通过该节主题班会，让学生明白了道德对于一个人的重要性，让学生对于整个初中学习、生活有了清晰的认识，让学生明白了学习的目的、学习的方式方法以及遇到挫折后的正确处理方式，鼓励学生心中有梦，眼里有光，脚下有路！用奋斗致敬我们美好的青春。

只为陪伴最美的生命

昆明市第八中学长城红鑫校区副校长　杨继伟

“知之者不如好之者，好之者不如乐之者。”做了21年的数学教师，当了14年的班主任，藏在内心深处最自豪和最值得留恋的是当班主任的美好时光。我爱班主任这个岗位，这个岗位也给了我无穷的乐趣。我用自己满腔的热情、爱心和智慧在学生的精神世界里孜孜不倦地耕耘、播种、收获，成就着一批批学生，也成就了自己。时光带走了我曾拥有的青春岁月，然而班主任这块沃土，让我有限的生命得到了无限的快乐和幸福。

一、有爱心更有智慧

我的班主任经历从2005年开始，2004年，昆明八中和原二十二中合并办学，一心一意想留本部的我，很“不幸”地被安排到西坝校区担任班主任。从当年学生们叫我“小杨哥哥”到现在毕恭毕敬地称呼“杨老班”。我连续当了14年班主任，带了六届学生，14年的班主任实践告诉我：没有爱就没有教育，但教育并不仅仅需要爱；没有爱是苍白的教育，而没用智慧则是愚昧的教育。缺少了智慧，往往事倍功半，达不到良好的教育效果。

我主张，开学伊始，班主任要和学生“一见钟情”。那么，如何才能与学生“一见钟情”，抓住学生的心呢?

为了能够实现与学生“一见钟情”，我会做精心的准备。带每一届学生之前，在接到新生名单的那一刻，我会下功夫阅读每一位学生的档案，认真记录每一位学生的基本情况、性别、爱好与特长、父母教育水平等，认真记录小学教师对学生学习习惯和承担班委工作的评价，在开学之前，我已经对绝大多数学生的情况有了比较详细的了解。“知己知彼，百战不殆。”我相信自己一定可以走进学生的心里。就这样，在期待中我熬过了开学前的日子。盼望着，盼望着，终于可以与孩子们见面了。

我认为，新生开学典礼实际上是班主任与学生、家长的第一次见面会。作为班主任的我，觉得这是千载难逢的机会，一定要给学生和家长留下深刻的印象。因此，新生开学典礼上和家长表达的治班理念尤其重要，要突出“新颖”二字，尽可能地让学生和家长产生“眼前一亮”的感觉。近年来，我在第一次见面会上进行了很多思考：2012年新接班的班号恰好是一班，我的治班理念是：一班一班，追求第一，第一的人格、第一的身体、第一的心理、第一的班风、第一的成绩。2015年的治班理念是：我是学生心目中的数学男神，家长心目中有温度的班主任，给我这个舞台，还你三年精彩！虽然只是短短几句话，但承载着我太多的梦想，它使我在班主任工作中既仰望星空，又脚踏实地。

二、有规划更有执行

教学工作是班主任的重要工作之一，甚至是学生眼中的唯一工作。我对教学工作一直乐于钻研，对数学教学有自己独特的教学方法。我当每届班主任，要求自己先把教学工作做好，力争站好课堂。学生的眼睛是雪亮的，我对教学工作的良好态度以及较强的教学能力，能让学生看到我是如何对待工作的，我正是通过认真教学给学生树立了认真对待本职工作的榜样。

从八中西坝校区到长城校区，是我班主任工作能力提升最快的阶段。长城校区的学生自主意识强，知识面广，在长城校区当好班主任第一步：营造良好的学习氛围。为了让学生成为学习的主人，落实自主学习理念，从初一开始我就建立了一套有助于学生自主学习的方法。

1. 自主设定学习目标

每学期开学，我都要求每位学生针对自己的具体情况，设定学期学习目标、月度学习目标、周学习目标和每天学习中必做的几件事，作为奋斗目标。这是自主学习的一个关键环节，不同的学生有不同的目标。不抄袭别人，不攀比，每个人只根据自己的情况设定目标。我激励每位学生首先向自己挑战，然后才是向团队中的高手挑战，用一个能够实现的目标，培养学生的学习成就感。比如，有一个学生物理成绩特别优秀，他给自己设定的目标是八年级自学完初中物理，九年级自学高中物理，高二的时候就学到了大学物理。

2. 自我清查存在问题

自我清查这一步很关键，需要教师的帮助，尤其是初一的时候，更需要教师适时地暗示和提醒。我改作业的时候，也为不同层次的学生提供不同的信息让其学会自查。如果过程有错误或结果有错误，对于优等生，在该题旁打上一个问号，让他们自己寻找问题；对于中等学生，则在出错的这一步后面打问号，告诉他们错在哪里；对于学困生，则在具体的错误处画出横线，明确告诉他们这里错了，用什么办法改正。

3. 自我评估整改结果

我曾经采用一个非常老土的办法——错题记录和原因分析。刚刚开始的时候，学生有怀疑、怕麻烦，但随着时间的推移，那些一直坚持的学生学习效率提高，取得了显著的成绩，这激发了那些原本犹豫的学生去坚持，从而形成良性循环，推动了班级学习成绩的提高。

三、有温度更有力度

易同学，三年时间，几乎每天都要给我制造种种麻烦。有人说这样的学生不值得教师这样为他付出。而我则认为，不管这个学生多么恶劣，作为教师，我们都不可以非人性化地以种种借口把孩子逼出校园。我认为，每一个孩子身上都有闪光的东西，我要努力从他们经历的种种事情中提取出教育的积极意义。于是，细心观察之后我发现，易同学也有集体主义观念，班级换水、拖地、打扫卫生的任务他常常热情承担；他热心善良，为学习遇到困难的同学细心讲解；他思维积极活跃，上课总能看到他高高举起的手；他的发言充满创意，课堂上我总是把最后难点突破交给他去完成；他数学解题思路新颖，答题简明准确。这一切让我无论如何都不舍得放弃这个孩子。我坚持无条件地接纳和宽容他，一次又一次地和他谈话沟通，耐心疏导他。而我也因此面对各方面的种种压力，易同学的表现让我带的班级常规积分总是倒数，易同学与其他教师起冲突后要我去收场。我不知道易同学三年以后结果会是怎样，而我坚定地认为放弃这个学生，这个班将分崩离析，绝不放弃这个学生就成了我唯一能坚持的。

中考成绩揭晓了，易同学的中考成绩超过昆一中的录取分数线。毕业典礼那天，易同学妈妈递给了我一封信，至今我依然保存。信中写道：

尊敬的杨老师：

谢谢您在小易对您的不敬顶撞后仍付出的博大胸怀。回想三年的学习生活，您在小易身上不知倾注了多少心血和汗水，但由于这个小孩身上明显具有的“冲动”的性格，导致在课堂上也好，自习时段也好，体育锻炼也好，屡屡出现顶撞忤逆您和其他老师的情况，让您和老师们掉了很多眼泪，感到心寒，感到失望，怎么也想不通，这个孩子怎么会这样？由于这些会让您气上好几天，甚至夜晚也不能入睡，但是您仍然对小易不离不弃，始终以一长者和智者的身份，以一颗博大宽容的心去原谅他，接纳他，包容他，善待他，让他有了许多改过自新的机会，我们总是在想，要是没有您博大的胸怀和海纳百川的胸襟，小易可能会成什么样子。每每想到这些，作为家长，我们非常汗颜，非常惭愧。

四、有陪伴更有付出

在我班主任的经历中，2018届是我14年班主任工作的最后一届，我对自己最后一届的学生有太多期待。原想完美收官，却跌宕起伏。初二开始承担了学校教务工作、数学组工作、班主任工作和两个班的教学任务，事务性事情较多，对班级学习氛围的营造和班级情绪管理方面出了问题，成绩一直往下滑，偶尔还考倒数。面对自己从未遇到的情况，初三下学期我拿出最大的毅力和耐心从早到晚陪伴着这个班。在最困难的日子里，我选择主动站出来帮助大家，利用休息时间每天去帮助学习困难的学生，坚持一段时间后，我惊喜地发现，学生如此可爱、如此聪明、如此易于沟通。每一位学生的改变让我看到了希望，让我深切感受到付出的快乐，重新找回了信心，任何思想工作都比不上诚心诚意的付出，中午顾不上吃饭，学生带午餐给我。至今我都很感谢隆杰、博文、启晟、小蕊、奕智、建维、小桐等在我忙于辅导吃不上午饭时，一次又一次给我带午餐，这份牵挂让我在坚持不下去的时候重拾勇气面对挑战。当我熬到深夜试题还没出完，想放弃的时候，我就点开老毕和旻峻做的毕业视频，曾经美好的一幕幕呈现在眼前，有趣、欢乐、青春、激动、拼搏的画面感染着我，感慨万千，情不自禁地一遍遍地看，全是五班的美好，想着和五班的相处只剩三十多天，我无比留念，依依不舍，眼泪忍不住往下掉。当了14年班主任，带了六届学生，2011届和2015届中考总成绩均名列昆明市第一，班上有均有15位同学超过当年云师大附中的录取线；2018届昆明市摇号的第一届，经过顽强拼搏，中考总成绩成功逆袭排名年级第二，全年级中超过昆八中录取线的人数和比例都是最高。这14年的工作经历是我以后工作的重要财富。用一句诗来总结：“零落成泥碾作尘，只有香如故”。

当了14年班主任，很多人问我累不累，我说累；问我烦不烦，我说烦；事实上，要想把一个懵懂无知的孩子教好，很烦。但那些累和烦对我来说都不重要，重要的是，我把累和烦转换成一个个积极而崇高的教育情怀——只为陪伴最美的生命。

用心守护成长，用爱润泽心灵

——我的教育故事

禄劝彝族苗族自治县第一中学副校长　杨文权

苏霍姆林斯基说，没有爱就没有教育。每一个孩子都是一朵花，只是花期不同。这需要我们用爱和耐心去发掘孩子身上的闪光点，做有温度的教育者。

云南省禄劝彝族苗族自治县是集少数民族自治、革命老区、山区农业、国家级贫困为一体的昆明市远郊县。全县少数民族占总人口的33.01%，山区、高寒山区占国土面积的98.4%；脱贫前，全县有115个贫困村，建档立卡贫困人口26083户91586人，是乌蒙山集中连片特困地区重点县和全省88个国家级贫困县之一。2018年，全力冲刺脱贫攻坚的关键时段，禄劝教育扶贫成效和全国高考奇迹成为国家、省、市媒体关注的一大热点。这个热点可以说与贫困县区广大教师的艰辛付出密不可分，息息相关。

我是一个土生土长的禄劝人，2005年7月毕业于云南大学数学系。在人生第一份职业的选择上，我坚定地选择回乡任教。当时同校毕业的同学大多都留在昆明工作，我本人也被某部队看中，但是想到自己的家乡禄劝，高中教师依旧紧缺，“一师一校”“一师多岗”“大班额”仍旧是普遍现状，我毅然选择回家乡教书，同年9月我被分配到禄劝县第一中学工作。我在贫困县区工作18年，多年担任两个班的班主任，所带班级学生多人被清华大学、北京大学等重点大学录取。教育改变了自己的命运，给了自己全部的荣誉，回望来路，展望未来，自己也必将用教育的方式去改变更多孩子的命运，用心守护每一个孩子的成长，用爱润泽每一个学生的心灵。

一、以爱之名，陪伴前行

教育没有捷径，尤其是贫困县区的教育只有用十分的付出，才能换得一分的收获。虽然我工作在县第一中学，但随着社会对优质教育资源的渴求和追捧，县区优质生源流失的现状，让我更坚定了自己的努力方向。只有做到全程“保姆式”的守护，才能做成学生的“好兄长”，才能留得下更多有潜力的学生，也才能有机会去改变学生的命运。

为此，我做到了真正的“物我两忘”。我一天的作息时间安排就是最好的证明。高中学生课业负担和心理压力较大，为了保障每个学生都有健康的体质，每天清晨6：30，我和学生一起跑步、做操；每天用3~4小时批改学生作业，抽出1~2小时和学生交流，帮助学生及时查缺补漏；每天早、晚自习时段，准时守在教室门口，查看学生出勤情况；每节公开教学课或观摩课，一节不落陪着“旁听”。学生总结评价我，“全天候在岗”“24小时在线”。多年来，我坚持第一个到校，最后一个离校。

对学生付出得多，意味着对家庭照顾就少。我的一天，就是从早上6点半开始离开家，晚上12点后才回家，孩子常常以为我没有回来。和孩子一天也见不了一面，对学生却每天平均17个小时的陪伴，家里人也埋怨过我，但是我依旧早出晚归。我周末唯一去的地方就是学生的教室，方便学生来问问题，却辛苦了家里人有问题难解决。可是我还是义无反顾地坚持下来。

2015年高考，创造了一本人数41人、高考历年最高分651分、数学历年平均分最高108分“三个奇迹”，获得校领导和同事的一致好评。2018年高考，再次创造了禄劝教育的新历史，陈同学被清华大学数理实验班录取，耿同学被北京大学录取，改变了禄劝教育37年没有清华、32年没有北大的高考成绩史；我所负责的理科网络培优班有14名学生上600分的“传奇史”。

二、以爱之名，润泽心灵

著名教育家夏丏尊先生说：“教育上的水是什么？就是情，就是爱。教育没有了情爱，就成了无水的池，任你四方形也罢、圆形也罢，总逃不出一个空虚。”班主任的爱就是流淌在班级之池中的水，时刻滋润着学生的心田。作为班主任，只有具备了深厚的爱生之情，才会时刻把学生放在心上，只有让学生感受到教师的爱，学生才会向你敞开心扉，真正做到“亲其师，信其道”。

每个学生来自不同的家庭环境，禄劝是高寒山区，我也是从山里走出来的，知道他们能走到县城读高中所承载的艰辛和不易，所以在生活中我也格外关注他们的困难，记得三年前考上北大的那个孩子，之前他的成绩虽然不错，但还不突出，我发现他不管多冷的天气，衣服都很单薄，多方了解以后，我知道他父母都在外面打工，他和爷爷奶奶在一起，是典型的留守儿童。了解情况后，我就和家里商量，买了两件羽绒马甲送给他，一来有换洗的衣物，二来解决保暖问题。他当时很感动，从那以后他学习特别努力，最后成绩名列前茅，这个被温柔以待的学生就是后来考上北京大学的耿同学。

现在，作为副校长的我，主管禄劝一中教学教研工作，工作十分繁忙，但我依然坚持班主任工作。这一届，班上共有24名学生，学生家庭情况比较复杂，班上有留守儿童、有高寒山区贫困孩子，我对班上每一位学生的情况都十分了解。班上有这样一位小男孩，个头很小，身上总是穿着一件黑色的卫衣，一条灰色的裤子，冬天也不穿袜子。我细心观察后，找到小男生了解情况，了解情况后不但给他买了衣服袜子，还向学校申请给他免学费和住宿费，并且每月给予他生活费，解决了小男孩上学的后顾之忧。诸如此类的事情还有很多，所以每个孩子都需要爱的滋养，教师对他的关爱，会让他们成长得更好。

三、以爱之名，舍小为大

我不但是一名数学老师、班主任，还是两个孩子的父亲。但对于自己的孩子，我真的没有尽到太多做父亲的责任。我天天都在学校陪我的学生，陪出了感情，学生信任我，都知道我不在教室就在办公室，都知道随时来见见我，聊聊错题，聊聊心里的想法，这样我的学生心里也不容易太压抑。

家长曾这样对我说："有缘做您的学生，是我的孩子值得一生回味的幸福。"

四、以爱之名，让爱传递

2012年至今，我一直担任网络直播理科班班主任，同时兼任培优班班主任和禄劝网络直播班年级组长。"身兼三职"的我，与初登讲台时不同的是，已积累了较为丰富的管理经验，具备了良好的管理能力。为了让班级拥有良好的秩序，为了使每位学生都能考上理想的大学，我一边从老教师那里学习管理方法，一边翻阅班主任管理书籍，很多时候上网查阅班级管理知识，想尽办法让班级风貌越来越好。随着教学阅历的丰富，随着班级管理经验的积累，我逐渐走向成熟。我所管理的两个班级不仅纪律好，还获得科任教师的认可，而且学习风气纯正，学习氛围浓厚。2018年，县政府成立禄劝高中数学名师"杨文权工作室"，在我的影响下，我校多名年轻教师积极加入工作室；在我的引领下，他们迅速成长起来。现在工作室的成员都挑起了各年级的担子。唐芬老师现担任高三文科培优班的数学老师，丁开荣老师现担任教务主任兼高二网络班班主任，李耀伟老师担任高二网络班班主任……

2019年，我被任命为县第一中学教学副校长，我的责任更重了。我完成昆明市教育科学规划重点课题"直播教学模式下高中数学预习指导的实践与研究"，同时，"数学问题解决中的解题研究""数学教学中的'五步法'

体会”等一批基础课题在全县得到推广。肩上的责任越重，就越是需要教育行当中的“工匠”精神。用尽微薄之力，用好三尺讲台，用好“工匠”精神，引导更多优秀教育人才，才真正完成“扶贫先扶智，扶智靠教育”的使命担当。面对自己的职业选择，面对扶贫的职责重担，不管前路再多艰辛，我都无怨无悔、执着厉行，我只愿把我这份对教育的初心和使命传递给更多的教育工作者，让他们热爱自己的职业，对每一个孩子都尽职尽责，让每一个孩子都能走进理想的大学，让禄劝教育再上一个新的台阶。

苏霍姆林斯基说：“要成为孩子的真正教育者，就要把自己的爱心奉献给他们。”教师把爱装进学生的口袋，口头的、书面的、言语的、行动的，让一个孩子生活在爱之中，他就学会了这世界是生活的好地方。我坚信教师职业的美只发生在那些钟情于这一职业的教师身上，唯有他们才会从职业中体验到心醉神迷、物我同一的强烈感受，也唯有他们才会在这种心旷神怡的愉悦中领悟班主任生命的创造。

人都有自己的选择，都希望说自己想说的话，做自己想做的事，做自己想做的人。我做到了，就像我满怀热情地回到这片哺育过我的热土上时的愿望一样！真爱是清晨草叶尖闪光的雨露，是雨后天空中绚烂的彩虹，是心湖岩石间多彩的浪花，是人生之旅上璀璨的霞光！真爱无声！因为心中有热爱，才会有教育路上一次又一次的梦想花开！

不忘真心，清风明月知多少

——用我们的真心做好教育

晋宁区第三中学教师　李云东

“养花养根，养鱼养水，育人育心”。在神圣的教育殿堂，爱是教育的主旨，爱是教育的核心，没有爱的教育将显得苍白无力。

教育的核心是学会去爱。在教育的路上，出现了一些不良镜头。

镜头一：深受社会功利思想的影响，部分家长、教师、学生更多着眼于分数，认为考试分数高了，就预示着学生向成功又迈进了一步。更有教师感慨：教自己的孩子都没有这么多耐心。但形成对比的是，当我们所谓的优生考出去以后，部分学生偶遇到老师，却形同陌路，和朋友谈起曾经的老师，总是不耐烦地说：我自己本来就优秀，不是老师教出来的。作为曾经的恩师真的心寒。

镜头二：当教室里面拖把倒了，如果没有值日生在，就没有人去扶一扶；教室配置的多媒体一体机设备，中午吃饭时，如果管理设备的同学请假了，就没有学生去关一下。还有部分家长反映，孩子自己的衣服脏了，不会用洗衣机洗一洗；孩子在学校生病了，家长总是第一时间赶到，送去看医生，但孩子觉得这是父母应该做的，更有甚者，当父母不能满足其要求时，还大声训责父母。没有一句话表达对父母的感谢、感激。

以上的现象，均是孩子在感受着爱的光芒时，没有反射回爱，爱成了单向传递。原因何在？不会去爱，有时不是没有爱，而是不会去表达。

实例一

回顾曾经遇到的一位值得尊敬的教师——李老师。她在八年级上学期临危受命教授14班英语课，主持该班班主任工作，接手前该班已经换了两任班主任。如此的班级让家长担心，令科任教师质疑，14班乌云笼罩，家长、学生不知路在何方。有的家长提出想给孩子转学，又怕转学后孩子难以适应。开学第一次班会课，李老师请家长、科任教师一起参加。面对诸多的质疑，李老师在会上坚定地说道："各位家长请相信我和我的团队，我们会带好这些孩子的。"

李老师与科任教师开了碰头会，互相鼓励，一定要带好这班学生。

李老师着手了解每个孩子的家庭背景。学习情况、纪律情况，并与其他教师对班上43名学生逐个进行了家访，为每一个家庭送上关心、送上安慰，让每一位教师真正做到了解学生。在14班教师的关怀下，43颗躁动的心逐渐安静了下来，暂时步入了学习的正轨。

李老师家有两个孩子，但更多的时间给了14班的43名学生。针对学习上有困难的学生，李老师总是在课余时间无微不至地给予帮助。面对叛逆的学生，就和科任教师一起做思想工作，与其他教师组成"班级学生教育共同体"。

经过共同努力，班上学生更懂教师的良苦用心，各学科上课纪律出奇地好，学生有了礼貌，在课余时间主动学习，向教师提出问题，逐步形成了积极向上的良好班风。教学就是激发学生的问题意识，提出一个问题比解决一个问题更有意义。

转眼到了期中考，让大家感到吃惊的是，期中考成绩14班居然由全年级的后进班追赶到前5名，每一位学生都取得了巨大的进步。其他班的教师觉得这仅仅是偶然，甚至连家长们也不敢相信。

三个星期后，迎来了一年一度的冬季运动会。14班的传统强项只有中长跑和100米短跑，七年级时团体总分在年级中垫底。让人没有想到的是，这届运动会的各个项目都有14班的学生参加，经过三天的角逐，各个项目均取得了优异的成绩，尤其是在拔河比赛中，身体不占优势的14班学生“小宇宙爆发”，一路过关斩将，进入四强，半决赛对手是夺冠呼声最高的13班，他们人高马大，战斗力极强。面对强大的对手，14班的健儿们在以班主任为队长的啦啦队加油声中，艰难地与13班抗衡。那一刻，20名选手化作了一股强大的力量，最终战胜了13班。这届运动会，14班以团体总分第二的优异成绩赢得了对手的尊重，重塑了班级的自信。

在班主任李老师与全体师生的共同努力下，14班上学期文化课成绩取得了年级第二，更是在后面的学业水平考试中，有两位学生考取了昆明市优质高中，全班优秀学生考取了一类完中，大多数学生进入普高，少部分进入中等职业学校。李老师兑现了曾经的承诺——会对孩子们好！

毕业那天，全班深情地向班主任及科任教师鞠躬致谢：老师，谢谢您让我们懂得了什么是爱，让我们感受到了爱的力量。

是啊，教育应该是“农业”，而不是“工业”，向每一个学生均传递爱，但又传递着不同深度的爱。

实例二

八年级9班有着另一个感人的故事。有一名漂亮的女生房同学，小学时成绩突出，但升入初中到八年级上学期时判若两人：成绩急速下滑，上课无视纪律，作业不按时完成，还敢跟老师顶嘴。突如其来的变化让班主任李老师摸不着头脑，及时上报学校后。年级校长加强关心，与科任教师组队及时家访，了解情况，通过与其母亲深度沟通，终于知道内情：房同学小学时天真可爱，成绩突出，其父亲常年在外做生意，一家人聚少离多，其二年级时，父母感情出现裂痕。为了不影响孩子健康成长，双方一致同意保守秘密。在房同学八年级时，因父亲重组家庭，曾经的秘密被打破，房同学曾经美满的家消失了，可以想象这对孩子的打击之大。房同学不再相信父母，不再相信老师，开始逃课、上课不守纪律、不完成作业等。作为班主任的李老师心疼而又无奈，将情况上报学校。

针对房同学的特殊情况，学校迅速做出部署，由年级校长牵头，组成班主任及科任教师联合小组，决定用实际行动帮助房同学。

第一，由班主任告知班委，平时要多关心房同学，最大限度给予其关心。

第二，安排班级上与其玩得较好的四名同学，多陪伴她，在各方面给予帮助。

第三，与科任教师达成共识，各学科教师要更加关心房同学，鉴于目前的情况，对其作业不作硬性要求，各学科教师抽空与其谈心，为其排忧解难。

第四，以班主任为主，如果房同学没有来上课，要及时联系家长，了解情况，必要时到家给予关心。

功夫不负有心人，在九年级下学期的一天中午，房同学到办公室找班主任，语气平和而真诚地说："李老师，谢谢您及各位老师一直以来对我的关心帮助，尤其是在我人生最无助的时候对我的开导，我现在已经清醒认识到自己的人生路该怎么走了，我已经找回信心了，大人的事我管不了，但我要走好自己的人生路，我保证以后每天按时到校上课、按时交作业，上课认识听讲，下课就回家，谢谢您了。"

在后来的两个多月，房同学真正回归了自我，践行了自己的诺言，并用心复习，圆满完成了自己的初中生涯，走上了属于自己的阳光之路。

是啊，教育本该是"农业"，不同的幼苗，由于成长环境、家庭情况的差异，需要倾注不同深度的爱，需要不同方式的关怀，才能帮助其茁壮成长。

李老师有幸能够管理这个年级，关注这些孩子，与这些充满正能量的教师一起帮助这六百多名同学，在其迷茫时为其解惑，在其困苦时为其解忧。

我们教师作为光的使者，要用实际行动将孩子们放在最温暖的地方，以阳光为期许，以阳光为定位。我们将一如既往，无怨无悔，用我的真心，换你的真心！

我的教学小故事

昆明市第一中学附属小学党委书记、执行校长　刘丽萍

时间过得真快，一转眼自己已经从教25年。我和我的老师们一起努力学习、认真工作，我们数学组每周活动一次，活动内容丰富多彩，我们在快乐中学习，在学习中成长。两年来我们多次参加全国、省、市、区教学活动，与多位名师近距离接触，在名师们的真诚指导、言传身教中相互取长补短，自己也取得了很大的进步。在这里让我来说两个亲身经历的教学小故事吧。

故事一：等一等

去年，我校进行课题研讨活动，在活动中我上了一堂《万以内数的读法》研讨课。

课前，我胸有成竹，打算借这次机会，好好展示一下自己的教学风格。由于准备充分，设计巧妙，在课上，学生们的学习兴趣格外浓厚，自己创造数，读数，向老师、同学举行读数发布会，一个个高高举起小手，“我说、我说”“我会、我会”，嘴里还不停地说着。望着他们一张张激动的脸庞，我也禁不住说，“请你来读读这个数”。我拿起一张“328”的卡片，随口叫了一个独坐一桌的学生，只见他慢腾腾地站了起来，一双眼睛毫无目标地

朝周围看了一圈，边上不时有学生在提醒，“三百二十八”。“老师，他是我们班的差生。”……我心里咯噔一下，心想：糟了，我给自己找了个麻烦。“会读吗？试试看！”我微笑地看着他，“三百二。”他从喉咙里挤出一丝声音，“快要对了，再读一遍。”“二百八。”天哪，这可是公开课呀！周围的学生已迫不及待，我也有点急，再拖下去，后面的内容不就白费了吗？他则满脸哀怨，看着他无助的神态，我突然想起特级教师景海莲老师平日总对我们说：“要留给学生思考的充足时间与空间……”，我决定再等等，又一次向他发出真诚的呼唤：“百位是三读三百，十位是二读二十，连起来读是——”也许是我的等一等，也许是我的信赖，他终于小声地读出了“三百二十八”。“不错，你成功了！”我夸张地朝他竖起大拇指，“愿意再大声点读给大家听听吗？”我把话筒递给他，“三百二十八”。全班学生都自发地为他鼓掌。

后来的课上，他主动举手，又读了几个数，开始他有点结结巴巴，我坚信：等一等，他一定会有变化的。到他能流利地读出时，我情不自禁地为他欢呼！要下课时，我请学生给自己或他人做一个评价，他抢着回答：“今天我很开心，我学会了读数。”

如果当时我急于求成，不去等一等，请其他学生读一读，忙于后面的教学，他还会这么开心吗？

短暂的等一等，唤醒了他“我能行”的意识，激发起他内心的求知欲；平静的等一等，使其他学生体验到如何尊重别人及其带来的欢乐。学生之间的差异性是永远存在的，耐心地等一等，体现了教师对学生的尊重。

在后来的日常教学中，遇到学生一时不能理解消化的知识，我总是提醒自己：等一等，再等一等。以前碰到学生一时掌握不了的知识，我总是在放学后迫不及待地把学生留下不厌其烦地讲，直到教会。

教育的最终目的是为学生的可持续发展服务，有谁见过播下的种子立刻开花结果的？从春种到秋收，人们在等待，让我们的教学也学会等待吧！等待，可以满足不同层次学生的需求，使他们深深体会到被尊重的快乐，给他们更多的自我发展空间；等待，便会“柳暗花明又一村”。请学会等待，你将收获奇迹！

故事二：一次挑战的惊喜

清脆的上课铃声响了，我精神抖擞地走进教室，一声“上课”，全班学生迅速进入了学习状态。我开门见山地在黑板上整齐地写下了今天的教学内容——四则运算，对于今天的“四则运算”问题，我已经做好了充分的教学准备，精心备了课，还制作了精美的课件，我想：今天的教学应该非常顺利和流畅。

多媒体出现了美丽的滑冰场画面，伴随着音乐，我向学生提问：“观察画面，你得到了哪些数学信息？”学生告诉我：“滑冰场上午有72人，中午有44人离去，又有85人到来。”我将这些信息一一写在黑板上。我又让学生根据这些数学信息提一个数学问题，学生提出了“现在有多少人在滑冰？”这一数学问题。我积极鼓励学生尝试解决这个数学问题。教学一切都非常顺利，也正符合我的教学设计流程。反馈时，一个学生说：“上午有72人在滑冰，中午有44人离去，还有72-44=28（人），又来了85人，28+85=113（人），所以现在有113人在滑冰。”另一个学生说：“滑冰场上午有72人，又有85人到来，72+85=157（人），离开了44人，157-44=113（人），现在有113人在滑冰。”我高兴地表扬了这些学生。

我刚想说能不能将他们的分步算式合并成一个综合算式时，这时有一名学生抢过我的话题说：“我还有别的办法。”插嘴的是班中最调皮的小锋同学，我教得那么顺，他插嘴一下，忽一想，他要真有好办法呢？不能破坏了学生解决问题的兴致。虽然我心中有点不愿意，但还是邀请了小锋回答。小锋站起来说：“离开的44个人与又来滑冰的人相差了41人，现在滑冰的人是72+41=113（人）。”这回轮到我惊讶了，是啊，多好的想法！尽管语言表述上不那么规范，但他的考虑方法是正确的，要是我不理睬他，这个好想法不就被我扼杀了。我立即表扬了这个与众不同的想法，可心中还在纳闷：小锋了解这种方法，其他学生理解吗？于是我顺势说："谁理解了他的好办法，把你的理解告诉其他同学好吗？"几位学生纷纷站起来向大家介绍小锋的想法，还一个劲地表扬他。看来一个好方法已被大多数学生认可，我顿时感到一种说不出的喜悦。

紧接着，我请学生将已经说出的分步列式用综合算式来表示，学生静静地低头尝试，我心想：下一步该如何教学呢？小锋提出的想法用一个综合算式来表示的话要用到小括号了，小括号是下几节课的教学任务，过早教学会不会使学困生吃不消呢？也与自己本节课的教学目标偏离，但万一学生提出来了，我又该怎么办呢？我一边踌躇着，一边观察着学生的作业本，我最终还是定位在顺其自然。

一个学生反馈道："72–44+85；72+85–44；85–44+72。"我暗自高兴，为这位聪明的学生感到自豪，这样小括号的问题暂时可以搁一搁了。这时又有一个学生说："我和他列式不一样。"我请他回答。他说："72+（85–44）。"看来再也无法回避了，但我还是故作惊讶地指着小括号说："这是什么呀？老师不认识。"那个学生自豪地说："那是小括号. 寒假里我自学过数学书，加了小括号就是要先算小括号里面的了。"我向他竖起了大拇指，学生得意又开心地笑了。我高兴地说："同学们，在范同学的帮助下，今天我们认识了一个新朋友——小括号，我们全班谢谢范同学。那现在你知道小括号里的'85–44'表示什么吗？计算时要先算什么呢？"

课后，我反复琢磨着这个教学片段，我记下了简要的教学后记和自己的想法，我由衷地感叹学生给予我的教学新思路，也由衷地对自己敢于挑战预设教案而自豪。在发展学生核心素养理念下，课堂教学不再是一板一眼执行教案或者事先设定的教学思路的过程，教材不再是教学的"圣经"，教学活动不再是教师主导完成知识传授而无须顾及学生情感的独角戏。课堂应是师生互动、心灵对话的舞台；课堂应是向在场的每一颗心灵都敞开温情双手的怀抱；课堂应是点燃学生智慧的火把，而给予火把、火种的是一个个具有挑战性的问题。

时间悄悄地过去，而我的教学却在有意无意中不断成熟，我本人也在这个优秀团队的影响下硕果累累。我由衷地感谢高富英名校长基地为我搭建的学习平台，由衷的感谢我们的团队，这将是我一生的财富，一生的良师益友！

站成一棵树

富民县第一中学党总支书记　刘丽琴

一、确立目标

十八年前的一个黄昏，就在学校被夕阳的余晖照射得温温暖暖的操场上，一个学生腼腆地告诉我，他一个月的生活费只有一百多块，开学一个月了，他从来没有进过学校的小卖部，甚至还从来没有吃过一次肉，而就是这一百多块的生活费，就已经要把他那贫困的家庭压倒，一次又一次，他面临着退学……

他话语中的惶恐，让我的心紧紧地缩成了一团。仿佛感受到我的震惊，他用一种轻松的语调，带着微笑对我说："老师，我很好，别为我担心。我的家庭很贫困，可是，我从来就没有抱怨过我出身贫寒。我现在很快乐，比起那些不能读书的同学，我已经非常幸福了，至少不用没日没夜地在那干旱缺水的土地里挖着；也不用整天对着那高高的大山幻想着外面的世界是什么样的。我还能坐在教室里，我还有改变自己命运的机会，我还能自己去创造属于我的未来，只是苦了我那可怜的爸和妈。所以，为了我自己，更为了我的爸爸妈妈，不管怎么样，我都一定会坚持下去的。老师，你不是说，人一旦有了一个目标，并且朝着这个目标勇敢地走下去，那么所有的悲伤、痛苦和不幸都能忍受了。老师，真的感谢你，让我觉得我的未来还有希望。老师，你知道，我的反应慢，读书吃力，所以，以后在学习上，你可要多帮助我啊。”

说完，他用充满渴求和信任的眼神看着我。就在那一瞬间，我的心软了。

我知道自己要做什么了，我要站成一棵树，一棵立在这些可爱孩子成长路旁的树，我要伸出我的枝条，在他们走过时撒一片清辉，在他们蹒跚时助一把力，然后看着他们远去的身影安然微笑。于是，从那天开始，我真正地成了一名教师，一名扎根在富民一中这块热土的平凡教师。

十八年的光阴似水，十八年的星辉相伴，十八年平凡的坚守，十八年的苦与乐，十八年的来去匆匆，教学与学生，已然成为我的生活和生命的一部分，再也无法割舍。我热爱我的讲台，我更享受和学生在一起的时光。

我努力让自己站成一棵树，一棵给学生以温暖和帮助的树。无情不入心，无爱不为师。教育，是爱的事业，唯有情与爱的灌注，才能催生教育的硕果。

二、帮助家庭困难的学生

对于班上家庭困难的学生，我给予他们帮助，但总是在暗地里进行。我从不让班里其他学生知道，因为我怕伤害了学生的自尊心，在我看来，帮助的前提是尊重，不是施舍。对于单亲家庭的学生，我倾注了更多的精力，除了学习上更多地帮助他们，生活中也时常给予他们更多的关怀。我知道，他们缺的不是衣食，是爱，来自父母的爱。他们的精神世界原本缺失了一角，但我想用爱将这一个残缺的角悄悄补上。对于那些离家求学的学生，我扮演着姐姐的角色，于是，我的学生常亲切地唤我“刘姐”。我同我的学生一起成长，一起历经时光的冲洗。回首相处的岁月，那些难以忘怀的故事成为我们之间珍贵的回忆。

那个嗓音极好，唱歌动听的男生，个性极其的腼腆。学校的学生才艺比赛报名前，他渴望而又矛盾，我希望他可以主动报名，去争取这次展现自我的机会，可是，家庭的贫困让这个学生缺少了一种自信，他始终没有迈出脚步。

我想有些孩子是需要逼一下的，于是在截止报名的前一天，我偷偷帮他报了名，并告诉他，你现在没有退路了，只能参加比赛，现在要做的就是练习！看着他惊愕和如释重负的神情，我知道我的做法是正确的。接下来的日子里，帮他选歌，陪他练歌，带他找教师辅导……终于，才艺比赛的时候，他以绝对的优势获得了第一名，刚知道结果，他就冲到我的身边，眼里有激动的泪花，可是却什么都没有说出口。

多年以后，凭借他的特长，他走得很远，拥有了更多的机会和平台。在每一次联系的时候，他都要说，他永远不会忘记我当时的逼迫，正是这样的逼迫，让他迈出关键的一步，在之后的学习生活中慢慢变得自信，也正是当初逼迫之后的陪伴，让他的追求多了一份依靠与勇敢！

那个文笔细腻的女孩，在我的鼓励下写下一篇又一篇的诗文，参加了一次又一次的竞赛，到大学里去，也凭着她扎实的文字功底在大学里获得精彩的舞台。后来，我的生日，她给我发来这样的文字：“……当桃李再蕴时，你依然/依然会牵动我的笔尖/仿佛是这季节的梅花/带着纯白的希望，站在那山岗上等候/——你的到来，带来生命散发的色彩/你是我未看完的期盼，是我守护的肩膀，也是我最在乎的一方……在你生日这一天/我在雨花为你祝福/那深深的思念/就像漫天遍野的花/为你开放，开放/开出最美的星光/最靓丽的回暖/最珍贵的药材……”后来，她成为一名中学教师。

很多个夜里，在医院陪伴生病的学生，抚平他们有些惊恐的情绪；也曾背着比我高大些的学生从县医院的一楼爬到五楼，在病床前牵着她的手，为她擦去因阑尾炎的疼痛而冒出的阵阵汗水；也曾匆匆忙忙回家，为身体不舒服的学生煮鸡蛋，熬姜汤；还曾为学生们的自习准备水果和自制的蛋糕，为他们繁重的学习送一份温暖与慰藉……自然，我做的一切并不出彩，和其他教师没有任何的区别，一样的琐碎，一样的平凡，我仅仅是做了我能做的，我该做的而已！

三、他人对我的评价

1. 一个感性的人

朋友说，我是一个感性的人，我认为这是一个优点，至少作为一个教师，这能派上用场。不谦虚地说，我很喜欢我的感性，因为这份感性，让我更容易以真诚的态度去面对我的学生，许多时候，放下教师的架子，弯下腰来，真诚地听学生倾诉，真诚地向学生学习；我也从不吝啬我的赞赏，因为没有人能拒绝真诚的赞赏，大人如此，孩子也一样。多年来，我习惯了站在学生的身边，在他们需要的时候给予他们帮助，或提醒，或安慰，或鼓励，或督促……

我努力让自己成长为一棵笔直的树，只为能给学生更坚实的支撑。教育必须要有爱，但光有爱也是不够的，知识的教授，人格的塑造，品行的引领，这是一个优秀教师在自己教学内外应做的事，我努力朝着这个方向行走。工作之余，读书，写作，参加演讲、辩论、朗诵等比赛，争取各种培训机会，进行课题研究，等等，唯有自己站得更高，才能引领我的学生走得更远。

多年来，零零散散也写下了一些论文，参与了一些课题研究，创作的诗歌曾获昆明市“中华赞 乡土情”诗词歌赋大赛成人组一等奖。很幸运，我还成为昆明市周丽蓉名师工作室的一名学员，每周三准时参加工作室的活动，如专家讲座、听课活动、课堂演练、交流学习……

教育的世界突然为我打开一扇更精彩的大门，我突然明白，要想把我的学生引导得更好，首先我必须走得更稳，而完善自我、提升自我就是当务之急。于是，我奋力抓住每一次可以提高自己的机会，使劲地汲取着养分，不断地提醒自己，一定要珍惜机会，一定要学得更好，为我自己，为我的学生！那三年多的时间里，我基本不请假，尽管每周三回到家都很晚，几乎不能好好吃一顿晚饭，甚至因为修路堵车，到家时已经超过夜里一点半；写反思，写论文，写实录，写听课分析，写散文……三年多竟然写了将近18万的文字。有同事说，何必让自己那么累呢？不，我并不觉得累，做自己喜欢做的事情，哪会累呢？我急切地想把我看到的精彩分享给我的学生们，我急切地想拉着我的学生们跑得更快一点！

2. 一个精力旺盛的人

朋友说，我是一个精力旺盛的人，上楼下楼，整天见我忙上忙下，教学工作、班主任工作、学校党建、团队工作、学校每次的大型活动，总能看到我的身影，我似乎就不懂得累。我身体会累的，可是忙之后更多的是充实。我始终这样认为，最能干工作的年纪就应该好好干工作！

3. 一个天生的乐天派

同事说，我是一个天生的乐天派。无论在工作中还是生活中，我随时都是乐呵呵的，我总是用这样真诚的笑容、阳光的心态，去感染身边的每一个人，并从工作中寻找快乐。每天清晨，我一定迎着太阳微笑，放下生活里的所有不愉快，以最积极的姿态走进教室，以最昂扬的姿态去感染学生，因为我要求我的学生是乐观向上的！优秀的教师，就像清新的空气，浸透进学生的每一个细胞，让学生健康、自信、自由、快乐地成长！这是我的目标所在。

我很清贫，一杯清茶，几支粉笔，三尺讲台，属于我的只有这些，而当银白色的粉笔灰落满了我的双肩，我却清晰地看到了一份爱飘荡在这粉笔灰里。某年，我的生日，晚上七点的时候，当我习惯性地拿着书，打算走进教室，竟然发现推不开门，就在我疑惑间，门从里面打开了，几个女生走出来簇拥着我走进了教室，一阵热烈的掌声响了起来！

讲台上，甜美的蛋糕，新鲜水灵的苹果；黑板上，“生日快乐”的艺术字体；每个学生手里，都拿着一支生日蜡烛；一双双眼睛里，流动的都是祝福……那一瞬间，极大的幸福感从我心底涌了上来，我抑制不住地红了眼眶！富民一中首届“最美班主任”的评选，在我的学生们的竭力推荐下和同事们的大力支持下，我获得了这一荣誉，我的学生们，给我写下了这样的颁奖词：

三尺讲台，三寸舌，缤纷桃李三寸笔；十年树木，十载风，茵茵春田十载雨。披风雨带笑而来，绽芳彩满载而归。循循善诱，您是师长；关怀备至，您是姐姐；同谈共悦，您是挚友！是您，在我们最迷茫的时候，从不放弃；是您，在我们的每一次进步里，打上搀扶的痕迹！感人如歌，美丽如琴，有您相伴，春风相随！

四、结束语

就做一棵树吧，尽力让自己根深叶茂，摇动着绕在我周围的棵棵小苗与我一起茁壮成长。我用十八年的时间掘土培根，下一个十八年，不，匆匆回首，年已不惑，刚工作时那个黄昏的夕阳似乎还一直温暖地萦绕在我身边……

我想，在我有生的教育时光里，我将一直享受与学生相伴的日子！

用爱点亮灿烂的明天

——我的教育故事

昆明市第十二中学党委书记　马娟

一个孩子的成长，究竟需要多少人付出多少代价？这个问题没有一个固定的答案。可是，面对孩子的错误，我们究竟要制裁还是拯救？这是个沉重又深刻的话题。那时的我只是一个普普通通、毫无经验并且有很多困惑的年轻班主任。当我面对我的“孩子们”的时候，觉得自己肩负的太多，要努力的路还很长。

一个美满家庭的消失对孩子意味着什么？一个成绩不错的同学为何沉溺于游戏不能自拔？一个16岁的男孩为什么要选择用欺骗面对所有人期待的眼光？来自一个16岁男孩的声音告诉我们，16岁的雨季需要人来保护，16岁的天空应该涂满快乐的色彩。16岁的明天，需要用爱继续点亮！

2009年的秋天，我结识了工作以来的第二届学生，从年龄上讲，他们都属于“90后”。在这些性格各异的孩子中，有一个孤儿小亮（化名）引起了我的特别关注。

知道他的家庭状况，是因为在开学的第一天他交了一份减免学费的特困证明，上面写着“从小父母因病双亡，现由姑姑抚养”的情况。看着眼前的这个大男孩，我心里特别不是滋味，我明白一个孩子没有父母关爱的凄苦，所以默默下定决心，一定要用自己的能力，让这个学生好好地读书。

新学期伊始，学校组织了新生军训，小亮表现得比较能吃苦，在同学中似乎也比较有人气，这一点，让我的担心和顾虑稍微减弱了些。开学后，他毛遂自荐当上了物理课代表，工作很认真，成绩不错。这时的我也总是在暗中关注这个孩子，甚至是特别关照。即便是数学教师和英语教师接连向我反映他上课注意力不集中，我也只是找他进行谈话，鼓励他、支持他。也许正是这种做法，让他放松了对我的“警惕”。

九月的一天，在体育课上他打篮球时手受了点伤，来找我开出门条去医院，我毫不犹豫地答应了。结果他这一出校门就是七个小时，到晚上十点还没回来。两位班长主张要去找找看，是不是出了什么事情，我和大家都在担心和着急的时候，他出现在了学校宿舍的门口。

我仔细询问了晚归的原因，他说是“舅舅”带他去治疗。我的心里疑虑重重。为了弄清事情的真相，第二天我去宿舍与管理员教师进行了细致沟通，这个时候我又得到了一个很重要的信息，近几个周六，小亮都没有回家。此时的我更想尽快把事情弄清楚。

经过谈话、调查以及与其家长（监护人姑妈、姑父）的沟通，一个个我不愿相信的事实逐一摆在我的面前。小亮自幼丧父丧母后开始由叔叔抚养，后由于各种原因又被推到姑妈家里。

虽然姑妈和姑父对他视如己出，尽心尽力抚养，但是从小曾被叔叔殴打的阴影已经深深刻在了他的心中，难以抚去。于是，他经常骗家里人说学校要交费，甚至还曾把初中学校给的困难补助全都花光了。

了解到这里，我突然想起了前不久才返还给他的减免学费500元。虽然已经做了最坏的打算，可是当我听到他亲口承认，并且伴随着毫不在乎的眼神和语气的时候，我的心凉了一大半！

我该怎么办?

常言道：人非圣贤，孰能无过。中小学阶段正是孩子长身体、长知识的重要时期，缺少生活的经验和独立生活的能力，还没形成自己完整的思想体系，还没有树立正确的世界观、人生观、价值观。高中阶段又是他们最叛逆的时期，此时，我深知自己责任重大。

于是，我开始频繁地找小亮谈话、交流。而他也在每一次谈话之后都向我保证一定悔改，坚决要戒掉恶习。在学生中间，我甚至还安排认真负责的班委成员经常与他交流沟通，监督他的学习。

可是，事情的发展并没有我设想的那么美好。小亮也并没有因为我的重视和关心有任何的改变，并且用一个又一个谎言来欺骗我和家人的时候，我深深地感受到了自己作为教师的无能为力。是否就该如此放弃?一切就这样让他咎由自取?

可是，作为一名教师，我的职业精神告诉我，不论如何，我们管理学生的最终目的是通过教学、教育活动使学生健康地成长，德、智、体、美、劳全面发展。但是，我觉得应该在不偏离原则的基础上多些情感投入——于是就牵扯出了一个“拯救”与“制裁”的问题。

我想，是我对这份职业的热爱不允许我轻易地放弃一个正值美好年华的学生。于是，我开始寻求一些有经验教师的帮助，请学校的领导帮助我一起做他的思想工作。我甚至还打电话给我大学的心理学教师，咨询这一类孩子的心理问题。工作之余，我也大量阅读了心理学的书籍，希望能够在处理这个问题时有所帮助。

可是，当小亮又一次因为贪玩不来上学，夜不归宿，甚至为了让人相信他被“抢劫”而不惜自伤的时候，我觉得自己所做的一切都化为了泡影。我的一腔热情彻底被踩在了脚下。我是不是真的没有办法改变这样一个学生?这一切打击令我久久不能释怀。

在与领导沟通之后，学校基于他的一系列表现，给小亮下了最后的通牒——限期转学，否则做开除学籍处理。小亮与家人开始奔波于一些学校之间找书读。在此期间，我仍然与小亮的姑妈保持着联系。当我知道他去县上的学校找接收办转学遭到拒绝的时候，知道他寻求其他亲人的帮助遭到躲避的时候，我的心，说不上来的酸楚与难过。

在小亮回家一个星期后的一个早上，我接到了他的电话。开始，电话那头的他并没有讲话，只有哽咽的声音。在这个电话里，他第一次承认了自己的错误，并说出了内心的真实想法。“老师，我错了！我好想读书！”面对这样的话语，我的内心很矛盾。是给他机会，还是坚信自己的判断，已经没有再给机会的必要？

当我陷入矛盾的时候，学校党支部书记找我进行了一次深入的谈话。在矛盾中挣扎的我，坦言自己还不能够一下子重新接受这个把我的心伤得彻底的学生，可是又不忍心放弃自己曾经付出的那么多努力。最终，我们都决定了，再给小亮最后一次机会，我这个班主任来做“担保”！

当小亮重返教室时，我没有过多的话，只是带领同学们给了他最真诚的掌声。为了“管住”这个特别的“问题学生”，我变身“管家婆”，怕他乱用钱，就帮他管着，每一顿饭都认真记账；怕他偷溜出校，就耐心守着他，每一个中午都叫来身边辅导。

时光漫漫，花木繁荫。运动会期间，我们看到了他以小记者的身份在运动场上采访的身影；看到了他在定向运动赛场上为了班级荣誉而奔忙；看到了他每天准时到班学习；看到了他经常往返于办公室与教室学习的身影，看到了他辛勤付出之后节节攀升的成绩……此时，我的心理有一种难以言说的欣慰。

苏霍姆林斯基说：“孩子犯了错误或有过失之后，独自感到自己有过错，深受良心责备，这一点会给教育者带来更大的快乐。我把这种情况看作是自我意识的胜利，是人的精神骄傲的飞跃，勇敢地面对真理的表现。”我想，我的这种莫大的欣慰，也便是来自于此吧！

每个星期，我都会与小亮的姑妈或姑父通电话，这些电话都是告诉他们，小亮最近又有了什么好的变化，家里人也逐渐对他充满了信心。

有一次，小亮的姑父对我说："马老师，这次给他的'开除'惩罚是对的！这孩子尝到了人间的冷暖和不易，也知道了老师和家人对他的好，他知道了！"每一天，我都会找机会带着微笑和小亮聊上几句，而他也会告诉我"老师，我会努力了！"

教育应该关注的是学生思想个体的生成与发展。缺少情感的教育是跛脚的教育，如果我们能够关注学生的情感世界，让我们的教育活动充满阳光、春风和雨露，使每个学生感受到我们教育活动那种祥和、温馨的氛围。当学生犯错时，班主任一个期待的眼神，说一句："我相信你是无心的，你一定会改正的。"这胜过多少训斥与说教！当学生在困难面前退缩时，班主任一个期待的微笑："去吧，我相信你一定会成功的。"学生也许就会战胜自己。当学生悲观、失意时，班主任一个期待的抚摸："站起来吧，失败乃成功之母。"也许学生就会成为最终的成功者。

2012年，小亮顺利毕业了，也考上了大学。离校那天，我收到了这个男孩发给我的一条告别短信"马老师，对不起！谢谢您！"后来，这个男孩像是消失在我的世界。我经常会想起他，也偶尔会讲起他，却一直没有见过他。有时，我也会担心，这个孩子会不会又犯错？难道又重蹈覆辙？

我知道我不可能彻底改变一个人的命运，毕竟我与学生相伴的时间有限，但我会努力让他们懂得做人的道理、懂得如何用自己的"命"走好自己的"运"，懂得如何在自己的人生道路上走出尊严，走出精彩。

我想，我会一直努力！努力用爱照亮他们灿烂的明天！教育就是一次修炼，经历的磨砺越多，积累的经验就越多。

2022年7月14日，我接到了2012届一名学生的邀约，当我推开相聚地点那扇门的那一刻，眼泪便止不住往下流。

是的！十年！一面！我的教育故事里的男孩，回来了！惊讶，惊喜！那个调皮的“男孩”转眼快三十岁了，而我，也成了一名“老教师”。拥抱过后便是停不下的叙旧，哭着、笑着、回忆着、追问着、讲述着，原来在不曾见过的这十年，我们都好好的，也都在成长着。

那曾经的种种猜想与疑问，瞬间化为泡影；那过去的件件痛心与气恼，已被爱冲散。

我愿意把我奉献给我的远方和星辰大海

嵩明县嵩阳中学副校长　杨开松

一、寒冬下的路程让我怀疑，不知是对还是错？

1998年的秋天格外的冷，呼出去的热气已成雾气。萧瑟的秋风和败落的树叶仿佛在昭告冬天的到来，这年的冬天似乎来得有些早。我有些发怵，因为今年大学毕业的我要去一个很远很偏僻的地方教书。

或许，每一位从大山、从农村走出的孩子都有一个“念乡情结”吧，拼命走出了大山，走出了农村，走出了那个封闭落后的地方，终于逃离了那个不喜欢的地方，终于出去了，终于见到了不曾见过的世界，可是看见那些熟悉的名字还是让人动容。看到这份分配通知上的地点——荒田小学，我不禁想到。

凛冽的冬风呼呼地吹着，鹅毛般的大雪拼命往下下，脸颊两侧被风刮得生痛，呼出气的雾气模糊了我的镜片，把脚下坑坑洼洼的道路遮住了，有些看不清。前进的步伐被风阻挡，凹凸不平的道路被雪隐藏，我把身上的棉衣拉了拉，想要挡住风。

不知何时右脚又踩到一个坑里去了，被雪绊倒了，真的是有些倒霉，我就地歇了一会儿，抬头看，前方白花花的一片，光明被挡住了，路上没有一个人，只有呼呼的风声和我的喘息声，我有些想哭。

我突然有些后悔了，我的选择到底对不对？我到底为何要选择回来？我为何会做出这样的选择？这个选择值得吗？

此刻，眼前的困难把这些问题和焦虑全部打倒了，我不知道答案，也不想知道答案，我只想快点走，早点到地方，喝上一碗热汤，睡一个好觉。

不知过了多久，我饿得有些发慌，我只知道路程是十公里左右的山路。但是，因为大雪，我不知道我走到了哪，也因为大雪，步伐较慢，我只知道我还要一直走。20世纪90年代，那样的道路，那样的环境条件，真的很难在通往大山的道路上找到饭店和买东西的地方，可是我又好饿，所以我往前面没有踩过的地方抓了一捧雪，塞进了嘴里，雪入口即化为了水，从喉咙一直凉到了胃，不知道是因为太凉了，冷得有些刺骨，还是充饥了，我精神了不少。

我一路跌跌撞撞、磕磕碰碰，终于连走带爬，花了五六个小时的时间，终于到学校了。

而眼前这一幕让我有些愣神，好熟悉的地方，有一股莫名的熟悉感。但是为什么这么久了，这里还是那样破败不堪，破旧的教学楼，漏风漏雨的屋子，发旧苍白泛黄的墙。

突然眼前跑过一个小女孩，她见到我停了下来，可能是因为没有见过我，因为对于这里，对于她来说，我是一个陌生人。

她小小的，两颊冻的发红，嘴唇有些发紫，仿佛感受不到冷似的，手和脚踝裸露在外面。我知道肯定不是因为不知道冷，而是因为衣物不够，她习惯了。

我立马把我的有些发潮的棉衣脱下来给她披上，脱下那一刻，冷风一股脑儿地全部冲向了我，我被冻得有些哆嗦。

“小妹妹，你几年级啊？”我蹲下问道。

“我是一年级的。”小女孩怯生生地回道。

突然，不知道是谁叫了一声，小女孩回头向声音处跑去，我的棉衣也因此掉落在地，我愣了愣神，把地上的棉衣捡起来穿上，才发现是如此的暖和，短短几分钟我已经被冻得冰凉了，感受不到温度。

很快，我就和负责人联系沟通整理好了一切。我了解到，整个学校有180个学生，其中有100个是寄宿学校的，刚刚那个小女孩就是寄宿学校的，教师有9位，并且水平参差不齐，但是对于这里——大山的教育，他们已经很好了。

看着眼前的这些学生，听着学校负责人对我的感谢和夸奖，我有些羞愧，因为我在路上萌生过放弃的念头。

此刻，我想到了那句话“教育的本质意味着：一棵树摇动另一棵树，一朵云推动另一朵云，一个灵魂唤醒另一个灵魂”。在这里，我是教师，我是做教育的，是学生们的依靠和路灯，是照亮他们前行的光，或许是他们唯一接受知识的可能，甚至可能是他们唯一的机会。我想如果我的一生需要留下点什么，那应该是他们。

二、父辈的不易和学生眼里的渴望使我动容，或许是对的？

在负责人介绍的过程中，我看到了一个我十分熟悉的地方，学校的一栋教学楼，教学楼的第二层，那是我熟悉的地方，因为那是十五年前父亲经常抗木料卖钱的地方。难怪我第一眼见到学校会有一股莫名的熟悉感，原来如此，以前父亲为了家庭生计，经常来这里买卖木料换钱。

看到这个熟悉的地方，让我不禁追溯到了十五年前，那时，我还是一个小学生，只知道父亲每天早上出门很早，因为需要去一个地方，回来就可以带回来钱。而等我长大了，我终于知道父亲那些年的不容易，为了家庭，为了生活，为了我，抗过的木料在他的肩上留下了难以磨灭的痕迹，也深深地留在了我的心底。一代人有一代人的使命，一代人有一代人的责任，我明白我的责任是教书育人，是把我的所学浇灌给那些渴望知识的、想要走出大山的孩子们。

还记得那天，我一如既往地走进教室，却发现了一些不一样，好像少了点什么，我看了看，才发现是有一个小女孩没有来，我知道，对于知识，他们是渴望的，对于读书，是他们一直以来的追求，所以不可能会不来上学，所以我决定课后去那个小女孩家看看。

课后我向学生们打听了情况，了解到是因为她家里面经济情况不好，无法支撑她上学，而她是女孩子，所以理应不读。

知道了这些后，我有些不知所措，我不知道怎样才能改变这些固有的观点，特别是在这个落后又闭塞的小地方，在这个经济落后、思想落后的大山，我该如何去改变呢?

我叫上了他们村的一个男孩，决定一起去，在步行了十多公里后终于到了。

在我大叫了那个女孩的名字后，她跑了出来，在那一刻她的眼睛里真的有光，在见到我的那一瞬间，她眼里闪着委屈的泪花，好像在通过眼睛向我述说着："我想上学，我想读书。"我的内心有些震撼和触动。

她非常礼貌和客气地邀请我们进家，我踏入那个很窄很小的门，看着漆黑的墙，破旧的屋子，不要说像样的家具，连家具都没有几样。

坐在火炕边上我们聊着天，她的语气和眼神是如此的渴望知识，渴望上学。

大概半小时左右，她的父亲回来了，她的父亲应该是刚刚从田地里面回来，挽起的裤脚上还沾着泥土，汗水浸透了衣服，紧紧地与皮肤贴着，脚上的鞋子被泥土浸泡已经看不出来原来的样子了。

她的父亲看到我很激动，因为对于他们来说，教师是神圣的，是值得尊敬的。他亲切地拉着我问好。

晚饭是在她家吃的，菜应该是他们最丰富的，虽然是一口锅，但是有家里面收藏了很久的腊肉，饭菜真的很香。但是我有些想哭，我无能为力。

家长是那样的尊敬我，学生是那样的崇拜我，看向我时眼里是有光的，而我是无能为力的。

因为家庭的不允许和我的无能为力，以及现实的问题，她最后接受了命运的安排，辍学了。辍学以后我很长一段时间没有见到过她。

直到一年后，我在小镇的集市上遇到了她，那是一个周末，我在集市上，突然听到了一个糯糯的声音；“杨老师。”我回头，发现叫我的那个女生是她，而那时的她在卖菌菇。

她本打算送我一些的，我不敢收，对于他们来说，一二十块也是一笔钱。

我有些悔恨自己，如果自己的经济条件再好一点，能力再大一点，或许她也可以继续她的梦。

那一刻，我真的很失败，很无能为力。但是在那一刻，我更加坚定了我的选择。我明白了赖内·马里亚·里尔克的那句话“我们必须全力以赴，同时又不抱任何希望。不管做什么事，都要当它是全世界最重要的一件事。但同时又知道这件事根本无关紧要”。我希望他们还有那些和他们一样，渴望上学读书的孩子们，都能有学上，有书读。而我也会将始终忠诚于我的选择和我的教育事业。

正如西塞罗说的：“教育的目的是让学生们摆脱现实的奴役，而现在是年轻人正意图做着相反的努力，为了适应现实而改变自己。”我想我的使命十分重大，因为我所面对的他们，是正在努力往上爬的小草，是祖国的未来，我的使命就是带领他们，去追求他们的万里长空，去开拓他们的星辰大海。

此刻，我明白我的选择是正确的，这是我的责任和使命。

三、年复一年的磨炼，始终如一的坚定

时光流转，很快一年满了，我调离了这里，我很不舍，在这里我也有了很多美好的回忆。

还记得有一个周末，教师们都回家了，只有我留在学校，山里面的夏天是闷热的，很难受，我想洗澡，但是又很困难。

突然，我想到了学校有一个锅炉。我弄了柴火用锅炉烧了一大锅炉水，在那个热水澡下，一切的烦恼都随着水流冲走了。

第二天的太阳很温暖，山里面的空气非常清新。我的学生们来找我一起去玩，山里面的孩子就是如此，玩心大并且本领高。我带他们一起去山里面摘了野果、捉青蛙、打松子，山里面充满了他们的嬉笑声。

晚上，我们没有回学校，因为只有我一个人需要回学校，所以我选择不回去，而是去了一个最近的学生家。我在他家住下，他的家人依旧非常热情地欢迎我。

家里条件很差，但是我睡得很香。

第二天我是在一片吵闹声中惊醒的，我以为出什么大事了，一骨碌爬起来，急急忙忙地穿衣服准备出去。

却听到……

“我家特意杀了一只鸡，去我家吧！”一个声音道。

“去我家，我们昨晚就知道了，昨晚就熬了一只火腿，而且杨老师还没有去过我家呢？”另一个声音道。

我恍然大悟，原来是在抢我啊，我内心是窃喜的，因为他们真的很尊敬我，那一刻，我更加坚定我要对得起他们的尊敬和支持。

山里的四季依旧在不停变化，一切都在往好的方向发展。

此时，春暖花开。

2003年，我回到了我的故乡，在故乡的一所小学任教，那里情况更好一些，学生更多了，教师也更多了，而我的责任也更大了，我担任两个班的数学教师、两个班的英语教师，同时还是学校的团支部书记和少先队大队辅导员。我知道职务越多责任越大，我会始终坚定我的选择。

刚到的那一年，真是忙得脚不沾地，每周的星期一都是由我带领学生们进行升国旗仪式和讲话。站在台上，国旗下，我有一种很强烈的感受，那是神圣的，是伟大的。

说到这，我就想起来那年暑假结束，进行全校大扫除。学校的地板有些低洼处，所以容易积水，而在开学前一晚下了大雨，所以沟里面的水冲进了低洼处，积水很严重。

“哎，杨老师，你去把那个积水处理一下，把外面的沟疏通，让水流出去。”校长看见我说了这话以后就走开了，因为他要去处理其他的问题。

我看着这些积水，没有一丝的犹豫，我冲回宿舍，换了一身方便的衣服，去校园的后勤处找到了一个工具——钉耙。

在太阳下，我把三百米长的沟里面的杂草、垃圾全部掏了出来，垃圾有点恶心，水很臭，我也很累。我整个人都站在沟里面，污水都快漫过我的胸口了，连续四个小时的工作使我身心疲惫，掏完以后我真的快吐了，但是我觉得很值得。

时间依旧不停地流走，指针来到了2010年，我从小学调任到了中学，又是一个陌生而熟悉的环境，陌生的地方，熟悉的学校。但是我的内心十分坚定，我深刻地明白这是我的责任。

那年，学校做了一个非常大胆的举措——食堂自办，因为我们深知学生们正是长身体的时候，良好的营养真的非常重要。

那几年，我和后勤部的一位五十多岁的老同志每天早起好几个小时，走到十公里外的县城去买菜。四五年来，我们每天都一如既往地早起，而支撑我做这些的都是学生，我为了我的学生们，为了他们可以更好，我觉得我做这些很值得。

转眼间，来到2018年，我在学校行政会上以全票被推选成为代理校长，那时，我们主管安全的副校长也退休了，这个担子也落到了我的身上。

无数个夜里的辗转难眠，我挂念的是我的学生，牢记的是我的使命和责任，坚定的是我的内心和选择。我早已经从那个懵懂的青年，成长为一个

“老”教师。

至2019年下半年，新的校长任职了，我的担子轻了，我如释重负地呼了一口气。这一年半以来，学校各方面都发展得很好。

从1998年到现在，我一直在坚持我的选择，继续我的教育，去担当我的使命，完成我的责任。《流浪的星星》说道：“我想，在这个世界上，虽然没有最美好的相遇，但却应该有为了相遇或者重逢，所做的最美好的努力。”我与我的学生们的相遇是美好的，我与教育的重逢是浪漫的，是他们让我明白了我的选择。我的学生们是初生的暖阳，是明日璀璨的星辰，我要为他们搭建梦想的飞船，让他们去逐梦高飞。

只要有爱，就有力量

——浅谈我是如何关爱学生的

富民县赤鹫中学副校长　张贵云

苏霍姆林斯基说：“没有爱就没有教育。”夏丏尊先生说得好：“教育没有情感，没有爱，如同池塘里没有水一样；没有水，就不能称其为池塘，没有爱就没有教育。”教育是播撒爱心的事业，是一种“慢”的艺术。所谓“润物细无声”，教育的变化是极其缓慢的、细微的，这种“慢”，需要平静、平和，需要细致、细腻，更需要耐心、耐性。它并非一种不负责的放弃，而是一个遵循教育规律的理性选择，需要我们深耕细作。真正的教育是用教师的生命影响学生的生命，用一棵树摇动另一棵树，用一片云推动另一片云。教师真正的力量不是知识和权威，而在于用爱来温暖每一个孩子弱小的心灵。有古代全才美誉的亚里士多德说：“教育的根是苦涩的，但其果实是香甜的。”把爱献给教育的人不仅有付出，也有回报。当教师看到桃李满天下，用心血培育的学生成为社会栋梁时，他们付出的爱就得到了回报，他们就会欣慰地感到自己是世界上最幸福的人，这就是爱的教育的真谛。教师对学生真正的关爱，才是学生成长的动力之源。下面我将从四个方面，来谈谈自己在教育教学中是如何关爱学生的。

一、尊重与信任

尊重与信任是人与人相处的基础，教师应尊重学生的个别差异，精确实施、因材施教，师生相互尊重、相互适应，好的教育才可能发生。教师和学生都是一个独立的个体，都渴望得到应有的尊重和信任。我曾遇到过这样的学生：调皮捣蛋，不爱学习，有的甚至是令教师非常头痛的学生。小李就是这样的学生，他性格外向，调皮捣蛋，不爱学习，上课常常睡觉，学习成绩不好，大多科任教师都不喜欢他。我发现他除了学习不努力之外，其他方面还很不错，特别是对班级事务非常上心，只要教师安排的事情，他都会尽心尽力地完成。为此我推荐他参加学校学生会并负责食堂维持学生就餐纪律的工作。从我选择他进入学生会后，他严格按照学校要求，依规依纪做好维持学生就餐纪律的工作。其间，有好几位教师善意地跟我说，这个孩子不太合适……小心起反作用……我也有些犹豫，但看到他工作兢兢业业、全力以赴。又想到陶行知先生的话："你的教鞭下有瓦特，你的冷眼里有牛顿，你的讥笑中有爱迪生。"我没做任何调整，依旧让他做维持学生食堂就餐纪律的工作，在他和另外两个学生的带领下，工作做得有声有色，学生就餐纪律井然有序，多次受到学校的表彰奖励。虽然我没说，但学生是那样的敏感，他早就清楚我对他的尊重与信任了，将学生会的工作做得足够好，是他用心的一个回报；另一个回报是从他毕业至今，九年来，每年教师节、中秋节、春节，他都会给我送祝福，从不间断。

二、赞赏与鼓励

苏霍姆林斯基说，教师的每一次尊重与宽容，都会使学生终生难忘，都会促使他去思考，在思考中做人，在思考中做事。拿破仑说，只要给我足够的红飘带和军功章，我会带领我的士兵打赢任何战争。对此，我深有同感。用赞赏的目光去看学生，时时对学生取得的微小进步给以赞赏和鼓励，学生的进步会一次比一次更大。很喜欢《小小的画》这一则教育小故事，在教师的赞赏和鼓励下，小小从一个不会画画的孩子成长为一名著名的画家的教育过程。这个故事让我找到了教育学生的方法，用心去发现学生的美好，用心去赞赏和鼓励，创造条件放手让学生大胆尝试，将收获意想不到的幸福！2班小方是我的物理学科班长，重点负责自习任务。初三刚接班时，每次自习任务我都要提前进行安排，她只需抄到黑板上，督促全班执行就可以。但我觉得培养学生，不是让她做教师的“传声筒”，而是要培养学生养成主动做事的习惯与能力。经过一段时间的培养和实践，她的管理能力得到了较大提升，我只要告诉她教学的进度、自习主要任务是什么，至于什么时间段复习什么做什么，达到什么要求，如何检查，如何评价，让她自己去计划安排。我每次自习就去看她安排的任务，然后针对有问题的地方进行指导，当场修改。一开始需要改的、补充的地方多，慢慢地就很少了，到初三下学期开学一个月之后，我从来不用操心物理自习辅导任务，她安排得具体全面、操作性强，甚至有几次还针对班上同学落实的情况，进行了一些调整，使自习课效果更好。

在这个过程中，小方同学虚心地接受我给的修改意见，结合班级不同层次学生学习情况适时调整学习任务，满足不同层次学生学习的需要，提高物理自习课的针对性和有效性，极大地提高了2班学生物理学习的质量。通过学习实践，小方同学主动做事的意识得到了加强，做事能力得到了提高。当她做得非常好，我对她竖起大拇指的时候，她的自信与幸福，总让我觉得很满足。

三、理解与宽容

“随风潜入夜，润物细无声”，不经意间，或许你会发现：融开了满河冰冻的是温柔的春风，拂绿了遍野荒原的是无声的春雨，解开了心中愁绪的是理解的话语……

十月份的一天，我发现4班的小杨同学心情低落、上课状态不佳。课间找他一聊，我问他 “是不是遇到什么事啦？为什么状态不太好？”他的眼眶立刻红了，很难过地跟我说了：昨天傍晚他和妈妈闹矛盾、之后离家出走几个小时的事，说到伤心、害怕和委屈处，这个小男子汉声音都哽咽了。孩子慢慢长大了，想法也多了，家长与孩子之间的沟通和交流就尤为重要。我从一个父亲的角度，与他说如果我的孩子也像他一样做，我是怎样的心情？每个人都会有缺点，或许父母只是太着急了……我们聊了好长时间，终于慢慢解开了他的心结。

这是一个情商很高的孩子，他很大度，也很宽容。对他的一点点进步，我一发现就给予及时的表扬和鼓励。一直到毕业，他的发展都比较平稳，看到他在成长，我感到无比的欣慰。

四、严格与坚持

俗话说“严师出高徒”，对学生的严格就是对学生的大爱。在教育教学中，我们必然会遇到这样的学生：自我管理能力太弱。不论他成绩优秀还是一般，表现出来的都是对自己要求不严格，做事随意马虎，甚至懒散拖沓。这样的学生很令教师头痛，我就遇到了两个很典型的学生：2班小李同学成绩优秀，自律不足；小高同学学习动力不足，自律太差。怎么办？首先，我时刻想着赞科夫的话：“当教师把每一个学生都理解为他是一个具有个人特点的、具有自己的志向、自己的智慧和性格结构的人的时候，这样的理解才有助于教师去热爱儿童。”坚定自己去帮助这样的学生，并坚持一直帮助的信心。其次，严格管理他们的缺点和不足。俗话说“严是爱，宽是害”：书写马虎随意，一见就说，发现就说，课间能抽出时间也一定要喊他来再说一说；笔记整理偷工减料、边写边磨蹭，及时提醒并进行谈心，甚至安排小组长进行监督、提醒与检查。最后，只要学生有小进步就及时表扬，坚定他们一直努力的信心：回答问题有独特的见解，点个赞；主持学习交流，有条有理，点个赞；背诵默写顺利过关，点个赞……一直的坚持换来学生不同程度的进步，喜悦在心中流淌。

学生虽然还小，可他们都是有感情的，一份真诚的关爱，一句鼓励的话语，一份难得的信任……都会让他们留下不可磨灭的印象。时刻让自己的心湖蓄满爱心、温情与微笑，洒向世间的定是缕缕明亮的阳光。走进学生的心灵，必将使教育教学取得意想不到的成功！

没有爱的教育是苍白无力的，只有把对学生的尊重与信任、赞赏与鼓励、理解与宽容、严格与坚持贯穿于教育的始终，教育才能真正地发生。用心做教育，用爱去付出才能真正收获到喜悦，才能真正体会到为人师的幸福。